AF142111

Isaak Iselin, Niklaus Emanuel Tscharner

Isaac Iselins vermischte Schriften

Erster Band

Isaak Iselin, Niklaus Emanuel Tscharner

Isaac Iselins vermischte Schriften
Erster Band

ISBN/EAN: 9783744627498

Hergestellt in Europa, USA, Kanada, Australien, Japan

Cover: Foto ©Thomas Meinert / pixelio.de

Weitere Bücher finden Sie auf **www.hansebooks.com**

Iſaac Iſelins

+ 1782.

vermiſchte

Schriften.

Erſter Band.

Zürich, bey Drell, Geßner, Füeßli und Comp. 1770.

An
Herrn Bodmer.

Schriften, welche keinen andern Gegenstand haben, als Wahrheit und Tugend, können niemand mit grösserm Rechte geheiliget werden, als einem Manne, der niemals einen andern Gebrauch von seinem Verstande gemachet hat als dieselben zu erkennen; von seinem Herzen als solche zu lieben und auszuüben; und von seinem Witze als dieselben durch alle Reitze der Dichtkunst und der Beredtsamkeit zu zieren und auszuschmücken.

Empfangen Sie also, mein Herr, von einem Unbekannten dieses Opfer einer ungeheuchelten Hochachtung. Ich werde mich glücklich schätzen, wenn Sie mir Ihren Beyfall nicht versagen. Ich werde mich trösten, wenn meine Schreibart, aber nicht wenn meine Denkungsart Ihnen und andern Tugendhaften mißfallen wird,

Geschrieben im Mayenmonat
des Jahres 1755.

Vorbericht.

Der Verfasser dieser Schriften ist mehr durch den Zufall zum Schriftsteller geworden, als durch die Meynung von einem besondern Geschicke, welches ihn zu diesem bedenklichen Handwerke aufforderte.

Als ein junger Mensch wurde er durch verschiedene Mißbräuche lebhaft gerühret, die sein Vaterland entehreten. In einem Alter, wo der Zorn die Stelle eines Apollo vertritt, und wo der Unwille die Begeisterung ersetzet welche die Natur versaget, ergriff er die Feder, und massete sich an im Jahre 1755.

unter der Aufschrift: **Philosophischer
und patriotischer Träume eines Menschenfreundes, seinen Mitbürgern Lehren mitzutheilen, die er den Bedürfnissen der mehrern unter denselben angemessen glaubete.** Seine Unerfahrenheit
überredete ihn, man dürfe den Menschen
nur gute Grundsätze darbieten, um ihres Beyfalles sicher zu seyn. Allein er
sah bald wie sehr er sich betrogen hätte.
Seine Mitbürger lasen ihn nicht, und
seine schwache Arbeit würde ewig in der
Vergessenheit vergraben geblieben seyn,
wenn nicht bey Kennern, auf derer Gutheissung er bey aller seiner Eigenliebe

nicht die geringste Ansprache machen durfte, sie die gütige Aufnahme gefunden
hätten, welche ihr diejenigen verfugeten,
denen zu gefallen der feurigste Wunsch ihres Verfassers gewesen war. Diese Träume wurden zweymale neu aufgelegt, und
der Urheber derselben gab noch folgende
kleine Schriften heraus:

Freymüthige Gedanken über die Ent-
völkerung der Stadt Basel. 1758.
Versuch über die Gesetzgebung. Zü-
rich. 1760.
Philosophische und politische Versu-
che. Zürich. 1760.
Versuch über das Erhabene in der
Gelehrsamkeit. Frankfurt und
Carlsruhe. 1760.
Versuch über die Berathschlagung.
Basel. 1761.

**Plutus, oder von den Reichthümern.
Basel. 1762.**

Was in allen diesen Schriften dem
Verfasser des Aufhebens nicht ganz unwürdig geschienen hat, hat er in dieser
Sammlung vereiniget.   Er hat das
meiste ganz umgearbeitet, und sich genöthiget gesehen, vielen Stücken eine
ganz andre Gestalt zu geben.   Er wünschet nichts so sehr, als jedes auf einen
solchen Grad der Güte gebracht zu haben, daß seine Arbeit Männern nicht
mißfalle, und daß sie Jünglingen nützen möge.

Basel, den 29. Christmonat,
1768,

Innhalt

Innhalt
des ersten Bandes.

Innhalt

des zweyten Bandes.

) o (

An

HERRN

Salomon Hirzel,

damaligen

Stadtschreiber,

nunmaligen

Rathsherrn

zu

Zürich.

Nicht auf der Spitze eines uner-
steiglichen Berges, wie Sie sich es
vorstellen, mein theuerster und schätz-
barster Hirzel, wohnet nun Ihr
Freund. Das anmuthige Landhaus
(a), welches ihn beherberget, machet
von einem lieblichen und reizenden
Hügel die Zierde aus.

(a) Mayenfels.

An dem Fuſſe deſſelben geneußt ein wohlbevölkertes Dorf, (b) von den fruchtbarſten Fluren umringet, die ſüſſen Früchte des Friedens und des Ueberfluſſes. Von dar erſtrecket ſich eine geſegnete Landſchaft, ſchöner als der blühendſte Witz des Dichters und der glücklichſte Pinſel des Mahlers ſie ſchildern könnten.

Mitten durch dieſelbe flieſſet majeſtätiſch, ſanft und lauter, ein Bild der edeln Tugend, der wohlthätige Rhein, auſſer den beneideten Flüſſen Brittanniens der einzige der einen ſo weiten Lauf in freyen Ländern anfängt und endet.

(b) Bratteln.

Nicht ferne von deſſelben Ufern
erblicke ich Hütten, (c) Weingärten,
Felder und Wieſen, an der Stätte
wo ehmals eine prächtige Stadt, (d)
des Landes Königinn, ihr ſtolzes Haupt
emporhub.   Der wiſſensbegierige
Wandrer ſuchet da noch oft merkwür=
dige Ueberbleibſel von der Gröſſe der
Römer, und er findet nichts als noch
merkwürdigere Denkmäler von der
Wuth der Barbarey, und von der

(c) Augſt.

(d) Auguſta Rauracorum oder Raurica,
wie eine neulich entdeckte, in des ge=
lehrten und würdigen Hrn. Rathsſubſti=
tut Bruckners Cabinete befindliche Auf=
ſchrift ſich ausdrücket.

Unbeständigkeit der menschlichen Sachen.

Auf beyden Seiten des Flusses erstrecket sich, von lachenden Hügeln be-
gränzet, und mit Segen und mit Ueberflusse bekrönt, glückliche Ebenen, welche theils die äusserste Grenzen des
freyen Helvetiens ausmachen,
theils den mächtigen Zeptern Frank-
reichs und Oesterreichs dienen,
theils der Weisheit des ruhmwürdigen Fürsten Durlachs gehorchen.

Jenseits eines ungeheuern und alten Waldes brüstet sich die Nachfol-
gerinn (e) des prächtigen Raurica,

(c) Basel.

ehemals durch Tugenden und durch Wissenschaften blühend, nun auf ihre Handelschaft nun auf ihren Pracht stolz.

Weiter unten erhebt drohende Mauern eine trotzige Vestung; (f) wie eine rühmende Ueberschrift aus= saget, zum Schrecken der Feinde und zum Schutze der Freunde erbauet.

An dem Ende des Thales entdecket mein Auge die alten Thürme R h e i n= f e l d e n s, das ehemals eine beschei= dene Schwester von Basel und un= ter dem Schutze des Adlers frey war, nun aber Fürsten gehorchet, derer

(f) Hüningen. *Hostibus terrori, Sociis tutelæ.*

milde und weise Regierung die Dienstbarkeit der Freyheit gleich machet,
nachdem ihre Ahnen viele Jahrhunderte hindurch derselben abgesagte Ver-
folger gewesen waren.

Wenn schon ein neidischer Berg mir
den Anblick des berühmten Ortes versaget, wo vor drey Jahrhunderten (g)
ein kleines Heer heldenmüthiger Eids-
genossen einen rühmlichen Tod gefunden hat; so kann ich diese einem va-
terländischen Gemüthe so merkwürdige
Nachbarschaft doch nicht ungerühmet
vorbeylassen.

Noch weniger , obwol die gleichen

(g) St. Jacob Ao. 1444.

Hügel dich mir verbergen, kann ich
von dir schweigen, bescheidenes Mut-
tenz! Noch oft steigen mir Thränen
in die Augen, wenn ich an den Weisen denke, der sich zu dir geflüchtet
hatte, um nicht länger ein Zeuge der
Verderbniß des Staates und der Sitten zu seyn. Ein allzufrüher Tod hat
ihn, die unerkannte Ehre seines Vaterlandes, den Wissenschaften und seinen
Freunden entrissen; (h) und ein un-

(h) Herr Wernhard Huber, B. R. D.
und des Grossen Raths zu Basel, einer
der größten Litteratoren, dessen seltene
Gelehrsamkeit und grosse Eigenschaften
aber nur wenigen Freunden, und denjenigen auswärtigen Gelehrten die mit
ihm in Briefwechsel stuhnden, bekannt

seliges Schickſal hat die groſſen Hoff-
nungen zernichtet, welche auf die Tugenden des geiſtvollen Sohnes gegründet waren, den er dem Vaterlande erzog.

Aber ich verirre mich zu weit von
dem reißenden Aufenthalte, den ich
meinem theuerſten Freunde abzuſchil-
dern mir vorgenommen hatte.

So angenehm und ſo lieblich derſelbe iſt, ſo ſind doch viele Jahrhunderte verfloſſen, ehe er genoſſen wurde.
Wenige Jahre, ehe Sie und ich durch
die allmächtige Stimme der Fürſe-

geworden waren. Er ſtarb plötzlich im
Jahr 1755.

hung in die süssen Auen des Lichtes heraufgerufen wurden, (i) war er noch ein finsteres Gesträuche, eine traurige Wohnung einsiedlerischer Vögel, von menschlichen Augen unbewundert und unbemerkt. Der weise und tugendhafte Fesch, (k) dessen schar-

(i) Herr Joh. Rudolf Fesch, Oberst in Königl. Französischen Diensten, und nachher Bürgermeister des Freystandes Basel, bauete dieses Landgut in den Jahren 1726. und 1727.

(i) — Ein Greis mit dünnem silbernem Haupthaar
War Amilas, und nahe dem Ziel der Laufbahn des Lebens;
Einst der edelste Jüngling, der tugendvollste der Männer;
Itzt der weiseste unter den Alten. Der nüchternen Jugend

fen Blicken keine Schönheit der Natur entgehet, beobachtete vielleicht der
erste die mannigfaltigen Reitze, welche dieser anmuthsvolle Ort vereinigt.
Er bauete sich da ein bescheidenes
Landhaus, um von den kriegerischen
Arbeiten und den obrigkeitlichen
Sorgen auszuruhen. Oft finden da
der verirrete Wanderer oder der her-

Muntere Kräfte, durch Uebung und
    strenge Tugend gehärtet,
Hatten sein frisches Alter noch nicht ver-
    verlassen; noch krümmet sich
Unter der Last des Helmes die Silber-
    locke des Greisen,
Waren gleich achtzig Jahre, mit Ruhm
    und Thaten belastet,
Ueber sein würdiges Haupt geflogen.

Wieland, Cyrus Ges. II.

umschwärmende Jäger, den ruhmwürdigen Vater des Vaterlandes beschäftiget, mit eigenen Händen die Güter
anzubauen, die sein schöpferischer Witz
angeleget hat.

Hier genieſſet nun Ihr Freund eine
angenehme Stille und eine reine Luft.
Durch Zwingers erleuchtete und
kluge Einsicht, und auch Paſſa-
vants bescheidene Geschicklichkeit,
glückliche Werkzeuge der allerhöchsten
Güte, von dem Rande des Grabes
zurückgeruffen, hoffet er von den milden Einflüſſen derselben neue Gesundheit und neue Stärke.

Indem Sie, mein theuerster Freund!

Ihren unermüdeten und erleuchteten
Fleiß dem Vaterlande weihen, die
rühmliche Bahn redlicher Patrioten
betreten, und die Tugenden besingen,
durch welche dieselben einem unglücklichen und wider seine eigene Glückseligkeit eifernden Volke (1) die Ruhe
und den Frieden gewähret haben; ver-
lebe ich nun, obgleich meine Stunden,
gleich den Ihrigen, dem Vaterlande zu-

(1) Herr Zirzel hat in einem schönen
Gedichte die Toggenburgische Befriedigung besungen, die im Jahr 1759.
durch die Klugheit Herrn Bürgermeister
Leuen und Herrn Seckelmeister Heideg-
gers von Zürich, und Herrn Seckelmeister Ougsburger und Herrn Raths-
herrn von Müllinen von Bern, zu
Stande gebracht worden ist.

gehören, mit Sehnsucht und mit Ungeduld unrühmliche und ungenützte
Tage.

Kaum ist es mir erlaubet, bisweilen einige Augenblicke der Ruhe und
der Unthätigkeit zu rauben, welche
die heilsame Kunst mir vorgeschrieben
hat. Da ergötze ich mich bald in den
reitzenden Schildereyen der Dichter,
bald in den ernsthaften Betrachtungen der Weisen. Bald irre ich von
Zachariä, Geßner, Wieland
und Gresset begleitet, durch die
lieblichen Auftritte der ländlichen Freuden und der Tugend des menschlichen
Geschlechtes. Bald durchwandre ich

mit Leibnitz, Wolf, Meyer, Sulzer, einige Gegenden der idealischen Welt, und mit Mirabeau und St. Pierre die öden Strassen der gesunden Staatskunst, welche der Glückseligkeit der Völker, und nicht einer eingebildeten Grösse und einem chimärischen Glanze der Beherrscher geheiliget ist.

Bisweilen wage ich es, meine eigenen Kräfte zu versuchen, und diesen unnachahmlichen Vorgängern mit schwachem Bestreben nachzufolgen. Erlauben Sie mir, einen meiner Versuche (m) zu einem Denkmale der

(m.) Es war der Versuch über die Gesetzgebung, welcher in den Briefen über

Hochachtung zu machen, die ich Ihnen geheiliget habe. Ihre Freundschaft ist mir allzukostbar und allzu-
rühmlich, als daß ich nicht wünschen
sollte, das Andenken derselben so sehr
auszubreiten, und so dauerhaft zu
machen, als es mir möglich ist. Ich
umarme Sie,

und bin

Mein theuerster Freund!

Ihr ergebenster

Meyenfels, den 15. Brachm.
1759.

Iselin.

die neueste Litteratur mit so vielem Rechte ge-
tadelt worden ist. Da der Verfasser gut befunden hat, denselben bis in einigen wenigen
Stellen, welche in dem Gespräche, Anfangsgründe der bürgerlichen Weisheit, eingerücket
worden sind, aus der Sammlung seiner Schriften wegzulassen, so wird der würdige Freund,
dem er zugeschrieben war, nicht übel finden,
daß die Zuschrift einem andern Stücke vorge-
setzet wird.

Schinznach,

oder,

über die

Anfänge

der

bürgerlichen Weisheit.

Schinznach,
erste Unterredung.

Anlaß dieser Unterredungen. Geschichte
des Aristus.

Nicht allein, wenn Sie und ihre Mitbrüder in Schinznach sind, tugendhafter und
liebenswürdiger Schwärmer, ist dieser reizende Ort lehrreich und verehrungswürdig.
Er ist es auch dermals. Auch nun sind der
reizende Hayn und der angenehme Hügel Unterhaltungen geheiliget, welche nicht unwürdig
wären von Ihnen angehöret zu werden, mein
liebster Theokles. Ofte versammeln nun da
der weise Aristus und der redliche Philokles
edle und wohlgeartete Jünglinge um sich her,
und gewähren denselben das beneidungs-
werthe Glück, aus ihren angenehmen Gesprächen Licht und Vergnügen zu schöpfen.
Auch mir ist vergönnet ihren reizvollen Zu-
sammenkünften beyzuwohnen; und ich bin

stolz darauf, diese Ehre dardurch verdienet zu
haben, daß ich der Stifter derselben bin. Ich
bin versichert, Sie, tugendhafter Freund!
werden mir Dank wissen, wenn ich noch
mehr thue, wenn ich mich zu dem Geschicht-
schreiber derselben aufwerfe, und wenn ich
Sie auf diese Weise des Vergnügens theilhaft mache, das ich mit der lebhaftesten
Entzückung seit einigen Tagen in dem Schoo-
se der Ruhe und der Zufriedenheit geniesse.

Vor drey Tagen, an dem schönsten Abend,
den wir seit meinem hiesigen Aufenthalte gehabt haben, traf ich diese verehrungswürdigen
Männer an, welche mit Theon und Charidemus, zween vortrefflichen Jünglingen, an
dem Ufer der Aare spaziereten. Gleichgültige
und unbeträchtliche Dinge waren die ersten
Gegenstände unserer Gespräche. Allmählich
wurden dieselben wichtiger; und endlich machte Arisius die Anmerkung, daß von allen Ge-
bräuchen der Römer ihm keiner so wohl gefallen hätte als derjenige, junge Leute den
Weisesten und den Tugendhaftesten unter ihren Mitbürgern zur Aufnahme in ihre Ge-

ſellſchaft und in ihre Vertraulichkeit zu empfehlen, damit mehr durch die Reden und
die Beyſpiele verehrungswürdiger Männer
edle Geſinnungen in ihre Herzen eingeflöſſet,
als durch einen beſchwerlichen, und daher meiſtens fruchtloſen Unterricht trockene Lehren ihren Köpfen eingezwungen würden; damit die
Tugend ihnen mehr zu einer angenehmen
Gewohnheit als zu einem verhaßten Joche
werde. O, ſagte ich hierauf, ſo römiſch werden wir auch ſeyn können, ſo lange wir hier
ſeyn werden. Theon und Chariklenus werden mir unendlich verbunden ſeyn, wenn ich
Sie auf dieſe Weiſe dem Philokles und dem
Ariſtus empfehle; und ich darf wohl ſo kühn
ſeyn, auch mich ſelbſt mit einzubedingen. Die
beſcheidenen Jünglinge bezeugeten durch eine
höfliche Verbeugung ihren Beyfall, und die
weiſen Männer gaben durch eine gefällige
Mine zu verſtehen, daß auch ihnen mein
Vorſchlag nicht mißfalle.

Weil Sie ſo gütig ſeyn wollen, **verehrungswürdige Gönner,** fuhr ich ſodenn
fort, ſo gewähren Sie uns auch dieſe Bitte,

daß Sie uns erstlich erzehlen, wie Sie selbst
zu der Erkenntniß und zu der Liebe der Tugend gelanget sind, und dann daß Sie uns
lehren, worinn die Weisheit und die Recht-
schaffenheit bestehen, denen wir nachstreben
sollen.

Ich bin es zufrieden, sagte **Aristus**, daß
wir unsre Spaziergänge lehrreichen Unterhaltungen widmen. Und auch ich, fügte **Philokles** bey; aber die meiste Last wird dabey
auf Sie fallen, mein lieber **Aristus**. Sie
sind ein Gelehrter, Sie haben die Gründe
des Guten und des **Wahren** methodisch stu-
dieret, Sie wissen daher viel besser als ich,
dieselben leuchtend und bündig vorzutragen.
Nach einem kleinen Wechsel von Complimen-
ten ward endlich ausgemachet, daß **Aristus**
hauptsächlich das Wort führen, daß aber **Philokles** ihn, wo es nöthig seyn würde, als ein
getreuer Helfer unterstützen sollte.

Wir kamen indessen bey dem reizvollen
Wäldgen, dem Heiligthum ihres patrioti-
schen Enthusiasmus an, und wir setzten uns
auf einer Banke nieder, wo wir hoffeten von

der übrigen Geſellſchaft unbemerkt und unbe-
lauſchet zu bleiben.

Weil Sie es alſo befehlen, liebenswürdige Freunde, hub da Ariſtus an, ſo will ich
Ihnen die ſanfte und liebliche Bahn beſchrei-
ben, welche mich zu den leider noch allzu
ſchwachen Gefühlen des Guten und des Wahren geführet hat; denen ich ihren Beyfall
und ihre Gewogenheit, wie meine Zufriedenheit und meine Gemüthsruhe ſchuldig bin.

Niemals denke ich ohne Rührung an die
beneidungswürdigen Tage meiner unſchuldigen und den Wiſſenſchaften gewidmeten Jugend. Fern von jeder ehrgeizigen und eigennützigen Abſicht, habe ich dieſelben in einer
glückſeligen Stille durchlebet. Weder die
blendenden Vorzüge des Groſſen, noch die
verführeriſchen Vortheile des Reichen locketen
meiner Seele einen eiteln Wunſch ab; und
wenn ich nicht frühe gelernet hätte, daß die
Menſchheit auf alle Kräfte des Menſchen,
und der Staat auf alle Vermögen des Bürgers unverletzliche Rechte hätten, ſo würde
immer der erſte meiner Wünſche geweſen ſeyn,

mein ganzes Leben der Dunkelheit zu heiligen, welche meine Jugend so angenehm
gemachet hatte.

Indessen war diese Denkungsart keine
Wirkung von Menschenfeindschaft, von Trägheit oder von Unempfindlichkeit. Sie war eine
glückliche Frucht von einer erleuchteten und
verehrungswürdigen Sorgfalt, welche von
meinen zartesten Jahren an bemühet gewesen
war, mich mit den Grundsätzen der Tugend
und der Weisheit zu befreunden; und ich sehe
es als die kostbarste Wohlthat der anbetungswürdigen Vorsehung an, daß weder das ver-
zehrende Feuer der Leidenschaften, noch die
ätzende Macht des Beyspieles diese seligen Gefühle aus meiner Seele vertilget; daß weder
die verführerischen Lockungen der Lüste, noch
die blendenden Reize der Ehren die Saamen
des Wahren und des Guten in derselben er-
sticket; daß glückliche Umstände mir den Vortheil gewähret haben, von meiner ersten Jugend an, von Wissenschaft zu Wissenschaft,
von Erkenntniß zu Erkenntniß zu irren, und
nach dem Beyspiele der emsigen Biene aus

jeder das Angenehmſte und das Süſſeſte her=
auszuziehen.

Jede bot mir eigene Reitze an; da ich
aber den übrigen nur eine flüchtige Aufmerk=
ſamkeit ſchenken konnte, ſo widmete ich mich
vorzüglich derjenigen, welche den Menſchen
und den Bürger zu Gegenſtänden hat, der
Philoſophie. Nicht iener ſtolzen und ver=
wegenen, welche den Staat und die Religion
zu untergraben drohet; ſondern der beſchei=
denen und unſchuldigen Tochter des Him=
mels, welche den ſchwachen Sterblichen leh=
ret, dem Heiligthume der Wahrheit und der
Tugend mit derjenigen Ehrfurcht ſich nähern,
die er der unendlich verehrungswürdigen Ur=
quelle derſelben ſchuldig iſt. Jene würde
mit einem weit ſchnellern Fluge mich einer ſo
ſchmeichelhaften als betriegeriſchen Vollkom=
menheit entgegengebracht haben. Allein ich
ſand täglich mehr Gründe mit der glücklichen
Wahl zufrieden zu ſeyn, die ich getroffen hat=
te; und ich lernete täglich deutlicher einſehen,
daß alle Hoheit und aller Glanz, welche den
ehrgeitzigen Groſſen verblenden, unſchmackhaft

und reitzlos sind, gegen die erhabenen Gefühle des Wohlwollens und der Erleuchtung, die den bescheidenen Weisen beglückseligen.

Sobald ich zu denken anfieng, gewähreten die grossen Thaten, welche uns die griechischen und römischen Schriftsteller von ihren ruhmwürdigen Mitbürgern erzehlen, mir ein unbeschreibliches Vergnügen. Noch angenehmer, obwol minder lebhaft, rühreten meine empfindliche Seele die sanften und erhabenen Tugenden der Patriarchen, welche uns in unsern heiligen Büchern mit so einfältigen und so unschuldigen Reitzen beschrieben werden. Je mehr allmählich meine Vernunft reifete, je mehr ich lernete die Natur der Dinge entwickeln, welche mich bisher gerühret, erfreuet und betrübet hatten, destomehr boten sich mir neue Gründe dar, die Tugend und die Wahrheit schön zu finden, und die Uebereinstimmung meiner Empfindungen mit ihren heiligen Gesetzen, als die reineste und die unerschöpflichste Quelle der vollkommensten Glückseeligkeit anzusehen, deren mein Herz fähig war.

Lange mit der idealischen Welt allein beschäftiget, bekümmerte ich mich um alles was
in der wirklichen vorgieng so wenig, als um
dasjenige was die Einwohner des Mondes in
Bewegung setzen mag. Ich befand mich so
in einer ruhigen Unwissenheit glücklich und
zufrieden. Allein wie sehr wurde ich nicht
befremdet, als ich allmählich anfieng, über mein
System und über meine Lieblingsideen hinaus, mich in meinem Vaterlande umzusehen.
Wie sehr wurde ich nicht bestürzet, da nichts
als Unordnung, Verwirrung und Zerrüttung
sich meinen Augen darboten, und mich beleh-
reten, daß durch chimärische Phantasien,
durch irrige Vorurtheile und durch ausschweifende Leidenschaften der für die Tugend und
für die Wahrheit geschaffene Mensch gänzlich
von seiner edeln Bestimmung wäre entfernet
worden. Meine Erstaunung stieg auf den
höchsten Grad, als, die Jahrbücher der berühmtesten Völker mit einem reifern Urtheile
durchblätternd, ich die traurige Entdeckung
machete, daß die meisten derjenigen Thaten,
die ich bisher als die reinesten Ausflüsse der

Tugend bewundert hatte, nur glänzende Laster, und die meisten derjenigen Sterblichen, welche unter der täuschenden Gestalt
von Helden, von Heiligen, von Weisen und
von Patrioten verehret werden, nur Un-
menschen und Barbaren gewesen wären.

So bedrohete meine des reinesten Lichtes
gewöhnte Seele auf einmal eine betäubende
Dunkelheit. Gleich einem Menschen, welcher von dem reinen Lichte des Tages in einen durch die Kunst beleuchteten Schauspiel-
saal tritt, sah ich lauter Finsterniß und Verwirrung vor mir. Nach und nach wurden
meine Augen geschickter, die mannigfaltigen
Gegenstände zu unterscheiden, deren Ganzes
so verworrene und so unangenehme Gefühle
bey mir erzeuget hatte. Mein Geist fieng
allmählich an, die Verhältnisse derselben zu
entwickeln, und ihre Verknüpfungen aufzu-
lösen. Ich lernete allmählich mich in dasjenige finden, was mich bisher bis zum Erstaunen befremdet hatte. Ich würde vielleicht
so gut als jemand mich darein geschicket haben, wenn ich nicht zugleich immer meine

Augen feſt auf das wohlthätige Licht der
Wahrheit gerichtet hätte.

So fand mein Geiſt eine neue und nicht
minder edle Beſchäftigung an der Verglei=
chung deſſen das wirklich iſt, mit demjenigen
was ſeyn ſollte. Wenn die allgemeine Ver=
derbniß mich auf den gefährlichen Wahn ver=
leitete, daß Irrthum und Unordnung das
unausweichliche Loos der Menſchheit wären,
ſo überführeten mich die ewigen und unverän=
derlichen Grundſätze des Wahren und des
Guten, daß Mißbräuche und Unordnungen
wohl die ſeligen Ausflüſſe derſelben hemmen,
und ihr wohlthätiges Licht verdunkeln könn=
ten, daß ſie aber niemals die unverletzlichen
Rechte derſelben entkräften oder ihre erhabe=
ne Würde zernichten würden. Wenn hinge=
gen der Enthuſiasmus für das Schöne und
für das Gute mich dahin riß; wenn die Liebe
zur idealen Vollkommenheit mich zu übertrie=
benen und ungerechten Forderungen verleite=
te, ſo führete eine bedächtlichere Ueberlegung
mich wieder auf die Bahn der Natur zurü=
cke, und belehrete mich, daß den höchſten Grad

der Tugend und der Weisheit von einge=
schränkten und schwachen Menschen fordern
ein Unverstand seyn würde; daß aber den=
noch nur nach Maaßgabe seiner Vollkommen=
heit der Mensch der Glückseligkeit fähig sey;
daß er um diese zu erreichen nothwendig nach
jener streben müsse, und daß es ihm sehr
möglich sey, sowol von der einen als von der
andern ein weit grösseres Maaß zu erwerben,
als die meisten Sterblichen zu thun pflegeten.

Durch diesen glücklichen Leitfaden fand
ich mich aus den mannigfaltigen Widersprü=
chen heraus, die meine Seele beunruhigten.
Durch denselben lernete ich allmählich mit
den unveränderlichen Vollkommenheiten des
Idealen die mannigfaltigen Abwechslungen
des Wirklichen vergleichen, diese nach jenen
beurtheilen und den Gesetzen nachspüren, nach
welchen jedes auch noch so unvollkommene
Geschöpfe immer mit einem gewissen Maasse
von Vollkommenheit begabet ist, ohne welches
es nicht bestehen könnte, und den Regeln, nach
denen jedem denkenden Wesen eine höhere
Stuffe davon vorgesezet ist, durch deren Er=

reichung allein es glücklich und vergnügt wer=
den kann. So fand ich wieder, daß die Leh=
ren der Weisheit keine chimäriſche Erdichtun=
gen, und die Gefühle der Tugend keine
eiteln Hirngeſpinſte wären. So fand ich
neue und höhere Gründe, denſelben als den
edelſten Vorzügen der menſchlichen Natur
nachzuſtreben.

Immer mächtiger durch die göttlichen Rei=
ze des Wahren und des Guten bezaubert, kenne
ich keine köſtlichern Gefühle als die Aufmunte=
rungen, mit denen ſie mich anfeuern, die Wür=
de der menſchlichen Natur wie ſie es verdienet
zu verehren, und der hohen Beſtimmung,
zu deren uns dieſelbe auffordert, ſo ſehr
zu entſprechen, als es mir meine Schwach=
heit erlaubet.

Sie, theureſte Freunde, kennen die ſüſ=
ſen und erhabenen Gefühle, welche der Er=
forſchung der Wahrheit vor allen vergängli=
chen Wollüſten der Sinne und der Phantaſie
den entſchiedenſten Vorzug ertheilen. Sie
werden mir alſo ohne Mühe glauben, wenn
ich Sie verſichere, daß mit dem Anwachſe

meiner Jahre und meiner Einsichten das Vergnügen so ich daran finde immer lebhafter
und mächtiger wird; und ich sehe es als eine
der tröstlichsten Aussichten an, wenn ich mir
vorstelle, daß jenseits des Grabes meine gröste
Glückseligkeit darinn bestehen soll, mich der
unendlich verehrungswürdigen Quelle des
Wahren und des Guten immer mehr zu nähern, und die erhabnen Ausflüsse derselben
in einem immer reichen Maasse unaufhörlich
zu kosten.

Hier haben Sie, schäzbarste Freunde,
die kurze und aufrichtige Geschichte meiner
Empfindungen. Ich wünsche daß sie Ihnen
nicht unangenehm gewesen sey, und diesen Hoffnungsvollen Jünglingen nicht un-
nüz seyn möge. Ich gestehe es gern, und
kann dem Himmel nicht genug dafür danken, daß ein mehr als glückliches Schicksal
mich vor den Ausschweifungen verwahret hat,
an deren Rande ich mehr als einmal, gleich
andern Jünglingen, mich der äussersten Gefahr ausgesetzet gewesen zu seyn erinnere. Indessen glaube ich, daß ich diesen Vortheil

vorzüglich der Behutſamkeit zu verdanken
habe, mit welcher man mich von Jugend
auf gewöhnet hat, die unzählichen möglichen
Folgen jeder nicht gewiß guten und noch
mehr jeder ſchlimmen Unternehmung mir
lebhaft vorzuſtellen. Ungeachtet deſſen muß
ich mit derſelbigen Aufrichtigkeit geſtehen,
daß wenn ich das Glück gehabt habe, von
dauerhaften Ausſchweifungen und von anhal-
tenden Leidenſchaften unbeherrſchet zu bleiben, ich nur allzuoft in vorübergehende Fehler verfallen ſey, und daß ich noch gar zu
oft in ſolche verfalle. Vielleicht iſt Philokles glücklicher geweſen als ich, und nun er-
warte ich mit Sehnſucht auch die Erzählung
ſeines philoſophiſchen Lebenslaufes.

Er war nicht ſo ſanft als der Ihrige,
antwortete Philokles. Ich bin dem Guten
nicht ſo gerade zugegangen wie Sie, glücklicher Ariſtus! Und vielleicht habe ich dieſes
mit den meiſten Menſchen gemein. Und
ſelbſt mit den Beſten, ſagte Ariſtus. Es
iſt nicht unmöglich, verſezte Philokles; aber

(I. Theil.) B

das machet mich doch nicht desto besser. In=
deſſen wird bald die Sonne untergegangen
ſeyn, und mein Roman iſt etwas weitläu=
fig.   Morgen nach dem Frühſtücke treffen wir
einander wieder hier an, und weil Sie es
ſo befehlen, wertheſte Freunde, ſo will ich
Sie alsdann von mir ſelbſt unterhalten, und
ohne Zweifel mehr, als Ihnen angenehm
ſeyn, und als ſich für mich ſchicken wird.

Schinznach,
zweyte Unterredung.

Geschichte des Philokles.

Des folgenden Tages fanden wir uns alle sehr frühe in dem reitzenden Haine ein. Wir erwarteten da einen Morgen so schön als der vorhergehende Abend gewesen war. Aber wir befanden uns, mein lieber Theokles, auf die angenehmste Weise betrogen. Aristus hatte unsre Seelen mit dem sanftesten Vergnügen erfüllet; Philokles versenkete dieselben in einen Strom von Entzückung. Ich werde trachten seine Erzählung Ihnen so getreulich zu überliefern als es mir möglich seyn wird; allein ich empfinde gar zu wohl, wie viele Reitze seines Vortrages mir entgehen werden. Sie würden etwas weit vollkommneres lesen, wenn ich jeden gefühlvollen Ausdruck des tugendhaften Mannes im

Gedächtnisse behalten hätte, und wenn ich durch das edle Feuer, welches aus seinen geistvollen Augen strahlet, meine Beschreibung beleben könnte.

* * *

In meiner Jugend habe ich nur die gemeine, unter meinen Mitbürgern übliche Erziehung genossen. Mein Vater hatte mich zu dem Kriegsdienste bestimmet, und er glaubte nicht, daß ich viel zu lernen nöthig hätte. Roh und ungebildet wurde ich in meinem sechszehnten Jahre nach Paris versandt, um, wie es meine Vorältern auch gethan hatten, unter der Schweizerwache mein Glück zu suchen. Ich durchlebete da ungefehr zehen Jahre in einer flüchtigen Unachtsamkeit, und genoß unbedachtsam alle Vergnügungen, welche diese verführerische Stadt der Jugend in einem verschwenderischen Ueberflusse darbeut. So sehr jede Freude meine berauschte Seele bezauberte, so sehr mich der Strom der einander verfolgenden Zerstreuungen dahinriß, so fühlete

ich doch in gewiſſen Augenblicken eine Leere
und eine Langeweile die mir unerträglich
ſchienen; und endlich machete der gewöhnte
und übertriebene Genuß mir auch die aus=
geſuchteſten Ergötzlichkeiten eckelhaft und ver=
haßt. Die Langeweile verfolgete mich in die
glänzendſten Geſellſchaften. Ich gähnete
bey den rauſchendſten Luſtbarkeiten. Ich be=
ſuchete dieſelben niemals ohne Unwillen, und
verließ ſie niemals ohne Ueberdruß. All=
mählich wurden mir alle meine vorigen Be=
kanntſchaften und Zeitvertreibe deſto verhaß=
ter, je mehr ſie mir ehmals koſtbar und an=
genehm geweſen waren. Ich floh jeden Ort,
wo ich ehmals beſondre Vergnügungen und
Freuden genoſſen hatte. Selbſt von den
prächtigen Gärten, die eine beſondre Zierde
von Paris ausmachen, ſchienen mir nur
noch die entfernteſten und die einſamſten
ſchön und meiner Beſuche würdig. Ich fand
in den dunkelſten und abgelegenſten Alleen
derſelben mehr Vergnügen als in den ſchim=
merndſten Verſammlungsſäälen. Wenn
nun der Dienſt mich auf das Land rief, ſo

war allemal meine Freude so lebhaft, als es
chmals mein Verdruß gewesen war. Die
Stille und die Freyheit, so ich da genoß,
waren mir nun äusserst schätzbar. Indessen
war dennoch mein Zustand höchst unange=
nehm, indem ich die mannigfaltigen Ver=
gnügungen, deren Geschmack ich verlohren
hatte, mir durch nichts zu ersetzen wußte,
und da in einer peinlichen Unwirksamkeit
meine Seele sich selbst zur Last wurde.

Ich hatte beynahe ein ganzes Jahr in
diesem traurigen Zustande zugebracht, als
mir auf einmal ein glückseliges Licht auf=
gieng. Niemals werde ich den reitzenden
Abend vergessen, an welchem der Grund zu
der Glückseligkeit meines Lebens geleget wor=
den ist. Es war der schönste Frühlings=
Abend, schöner als ein Thomson oder ein
Geßner ihn schildern könnte. Ich spatzierte
staunend in einer Allee des einsamen Gar=
tens bey dem Zeughause. Ein ansehnlicher,
aber in seinem Aufputze ganz einfältiger
Mann, redete mich da mit derjenigen Leut=
seligkeit an, welche den angenehmsten Zug

von dem Charackter des tugendhaften Fran=
zosen ausmachet. Es war ein alter Officier,
den ich mich nachher erinnerte bisweilen in
Versailles gesehen zu haben. Er fand mich
staunender und verdrüßlicher als jemals. Er
fragte mich um die Ursache des Hanges zur
Einsamkeit und zur Stille, den er seit ei=
niger Zeit an mir bemerket hätte. Ich er=
öffnete ihm mit einer Offenherzigkeit, die ihm
überaus wohl gefiel, den Zustand meiner
Seele.

„ O mein Sohn, „ sagte er darauf zu
mir, „ nun kenne ich ihr Uebel, dessen Na=
„ tur und dessen Quelle. Ihre Krankheit
„ ist nicht unheilbar. Sie ist ein Kennzei=
„ chen und eine Wirkung einer glücklichen
„ Gemüthsart. Wenn Sie mich hören,
„ wenn Sie mir ihre Freundschaft und ihr
„ Vertrauen schenken wollen, so hoffe ich
„ aus ihnen einen glücklichen und vergnüg=
„ ten Menschen zu machen. „ Ich um=
armete ihn als einen Erretter, den mir der
Himmel zugesandt hätte, und versprach
ihm alle Gelehrigkeit und alles Vertrauen,

die er nur verlangen könnte. Wir setzeten uns hierauf nieder, und er sagte:

„ Ihre Erziehung ist versäumet worden,
„ mein liebenswürdiger Freund; und dieje-
„ nigen, welche dafür sorgen sollten, wuß-
„ ten gewiß nicht, wie sehr für den Menschen
„ alles von den Begriffen abhängt, mit de-
„ nen er in seiner Jugend versehen und be-
„ freundet wird. Wenn dieselben gewußt
„ hätten, daß das wesentliche Vergnügen
„ des zu einer edlern Lebensart ausersehe-
„ nen Menschen durch die Menge, die Schön-
„ heit und die Stärke der Bilder und der
„ Gedanken bestimmet wird, welche seinen
„ Geist und sein Gemüth in Bewegung se-
„ tzen, so würden sie gewiß getrachtet ha-
„ ben, Ihnen einen reichen Schatz von Er-
„ kenntnissen zu gewähren, und Sie zu leh-
„ ren, denselben weislich zu nützen und zu
„ bearbeiten.

„ Diejenigen Menschen, welche die Vor-
„ sehung bestimmet hat, ihr Leben mit ih-
„ rer Handarbeit zu gewinnen, finden in ih-
„ ren täglichen Beschäftigungen Nahrung

„ und Unterhalts genug für ihren Geist,
„ welchen niedrige Sorgen und eine beſtän-
„ tige Anſtrengung der Leibeskräfte noch
„ mehr einſchränken. Derjenige aber, wel-
„ cher ſich dem Kriegsdienſte oder einer an-
„ dern Lebensart widmet, die ihm viele lee-
„ re Augenblicke übrig läßt, dieſer hat ſei-
„ ner würdige Nebenbeſchäftigungen, dieſer
„ hat Einſichten nöthig, um nicht unglück-
„ lich oder gar ſchlimm zu werden. Denn
„ dieſes iſt die Natur des menſchlichen Gei-
„ ſtes, daß er beſchäftiget ſeyn muß. Und
„ wie vortrefflicher die Anlage einer Seele
„ iſt, deſto lebhafter, deſto feuriger iſt ihre
„ Wirkſamkeit. Wenn dieſe keine ihrer
„ Gröſſe angemeſſene und unſchuldige Nah-
„ rung vor ſich findet, ſo verfällt ſie in eine
„ unſelige Erniedrigung; ſie ergreifet jeden
„ Gegenſtand, welcher ihr einen leichten
„ und ſchmeichelnden Genuß verſpricht. Sie
„ gewöhnet ſich alſo an nichtige und unedle
„ Freuden, und macht endlich durch ih-
„ re Unthätigkeit ſich ſelbſt, oder durch ihre
„ Laſter noch andre dazu unglücklich.

„ Sie, mein lieber Freund, sind in dem
„ ersten dieser Fälle. Günstige Umstände
„ haben bisher ihre wohlgeartete Seele vor
„ der Verderbniß verwahret. Sie stuhnden
„ an dem Rande derselben, und sie laufen
„ noch immer die gleiche Gefahr, wenn sie
„ sich nicht bemühen Schätze zu sammeln,
„ derer sie bedörfen, um ihren Geist wür-
„ diglich zu beschäftigen. Aber ich besorge,
„ Sie werden meines trockenen Gewäsches
„ müde, und es ist Zeit ein Gespräch zu
„ enden, das gar zu ernstlich wird.

„ O nein! verehrungswürdiger Wohl-
„ thäter, sagte ich hierauf. Sie erlaben
„ meine Seele, und eröffnen meinem
„ Geiste die tröstlichsten und glückseligsten
„ Aussichten. Haben Sie die Güte fortzu-
„ fahren. Wenn ich schon dermals ihre wei-
„ se Reden nicht in ihrem ganzen Umfange
„ verstehen werde, so wird doch der An-
„ wachs meiner Erfahrung und meiner Ein-
„ sichten mich allmählich lehren dieselben zu
„ nützen.

„ So will ich denn trachten, fuhr der

weise Marnonville fort, „ mich so deutlich
„ auszudrücken, als es mir möglich ist. Ihre
„ Traurigkeit, ihr Verdruß, ihr Eckel kom=
„ men allein daher, weil ihr Geist die Ge=
„ genstände und die Empfindungen, derer
„ er bisher gewöhnet war, erschöpfet hat,
„ und weil sich demselben keine dargeboten
„ haben, die seine Wirksamkeit in eine sei=
„ ner würdigere Bewegung setzen könnten.
„ Nehmen Sie einmal für gewiß und für
„ unstreitig an, daß die Anzahl seiner Be=
„ griffe, daß die Vortrefflichkeit und die
„ Vollkommenheit derselben, daß die Ge=
„ schwindigkeit und der Umfang seiner Ge=
„ danken, die Würde und die Glückselig=
„ keit eines denkenden Wesens ausmachen:
„ Daß also, wenn Sie wahrhaftig glücklich
„ werden wollen, alle Ihre Bestrebungen
„ dahin gehen müssen, viele nützliche und
„ erhabene Einsichten als die herrlichste Nah=
„ rung für Ihre Seele zu sammeln. Nun
„ will ich versuchen, Ihnen das unermeßli=
„ che Feld zu eröffnen, wo Sie die sicherste
„ Zuflucht wider die unselige Unthätigkeit,

„ finden werden, welche Ihre Seele pei-
„ niget.

„ Alle Begriffe, alle Kenntniſſe, alle
„ Gedanken des Menſchen theilen ſich in
„ Hauptbegriffe und in Nebenbegriffe. Die
„ erſte dieſer Claſſen begreift diejenigen Er-
„ kenntniſſe, welche die weſentliche Beſtim-
„ mung deſſelben betreffen, und die er nö-
„ thig hat, um dasjenige zu ſeyn was er
„ ſeyn ſoll. Die andre beſtehet aus denje-
„ nigen Einſichten, welche nur die Schön-
„ heit ſeines Geiſtes erhöhen, welche ihn
„ gleichſam nur zieren, oder die er höch-
„ ſtens als Werkzeuge anſiehet, ſich und an-
„ dern das Leben mit Annehmlichkeiten zu
„ verſüſſen, die nicht weſentlich zur menſch-
„ lichen Glückſeligkeit erfordert werden.

„ Beyde Arten ſind für den denkenden
„ Menſchen von einem unſchätzbaren Werthe.

„ Die erſtere theilet ſich wieder in zween
„ Hauptäſte, in den allgemeinen und in den
„ beſondern; in diejenigen Begriffe, die je-
„ dem Menſchen als Menſchen gleich noth-
„ wendig ſind, und in diejenigen, welche

„ jeden in seiner besondern Bestimmung, in
„ seinem Beruffe und in seinen zufälligen
„ Umständen verschiedentlich leiten und er=
„ leuchten sollen. Die einen wie die an=
„ dern sind unerschöpfliche Quellen von Ver=
„ gnügen und von Annehmlichkeiten.

„ Diejenigen Erkenntnisse, welche jedem
„ denkenden Menschen unentbährlich sind,
„ bestehen aus den grösten und erhabensten
„ Wahrheiten, zu denen sich die menschli=
„ che Seele empor zu schwingen vermögend
„ ist. Da öffnet sich dem Geiste ein unbe=
„ gränzter Schauplatz, wo er sich ermüden
„ aber nicht ersättigen kann; eine Quelle
„ von Wollust die nie versieget, deren eine
„ wolgeartete Seele nie überdrüßig wird,
„ und die jeder Genuß läutert und stärket.

„ Wenn einst an den Händen der Phi=
„ losophie Sie dieses schöne Feld durchwan=
„ dern werden, so wird sich ihnen allervor=
„ derst der Mensch darstellen, ein uner=
„ schöpflicher Gegenstand, ein Innbegriff
„ unendlicher Mannigfaltigkeiten, einer
„ Grösse über die sie erstaunen werden, und

„ einer Kleinheit die sie bestürzen wird;
„ gleich verwunderbar und gleich schwer zu
„ entwickeln, sie mögen in dem Laufe des
„ gemeinen Lebens und der Geschäfte ihn
„ selbst sehen, oder in den Geschichten, den
„ Denkmälern seiner Hoheit und seiner Nie=
„ drigkeit, demjenigen nachforschen, was an=
„ dre von ihm gesehen haben.

„ Einen noch unerschöpflichern Schatz
„ edler und die Seele erhebender Vergnü=
„ gungen eröffnet Ihnen die Natur.   In
„ dem kleinsten Ihrer Werke gleich frucht=
„ bar an Wundern als in den grösten Welt=
„ körpern, werden Sie an derselben eine
„ sich immer erneuernde Quelle von unbe=
„ schreiblicher Wollust finden.   Wenn nun
„ gar Sie in die Tiefen, wo das geheime
„ Triebwerk derselben verborgen liegt, sich
„ wagen; wenn mit Neuton, und mit Ih=
„ ren Landesleuten, den Eulern und den
„ Bernoully, Sie erforschen wollten, wie
„ einfältige Federn nach Zahl, Maaß und
„ Gewicht weislich vertheilet, die gröste
„ Maschine in eine harmonische Bewegung

„ setzen ; was würde da nicht Ihre Seele
„ empfinden, über Reichthümer, unter de=
„ nen nichts unächtes ist, und die dem Wei=
„ sen in desto grösserm Maaße und in desto
„ erhabnerer Vortrefflichkeit zuflieſſen, wie
„ mehr er sie geneußt.

„ Allein, wenn Sie dem Rathe folgen
„ wollen, welchen ich den Umständen am
„ angemessensten erachte, in denen Sie sich
„ zu befinden scheinen, so werden von der
„ Betrachtung der Natur Sie sich sogleich
„ zu dem grossen Urheber derselben erhe=
„ ben. So wenig dem sterblichen Menschen
„ von diesem unendlichen Wesen bekannt ist,
„ so ist doch die Erkenntniß desselben der
„ kostbarste, wie der erhabenste Theil seiner
„ Einsichten. Nichts erhebet, nichts beru=
„ higet die vernünftige Seele so sehr, als das
„ Wesen zu denken, welches ewig und un=
„ veränderlich auf eine unergründliche Weise
„ für jeden einzelnen Menschen mit der Liebe
„ eines Vaters sorget, indem es die unzäh=
„ lichen Abwechslungen unzählicher Wesen
„ und Welten, in einer unendlichen Reihe

„ der Zeiten zu dem Besten des Ganzen mit
„ der Weisheit eines Beherrschers ordnet
„ und regieret. Von der grossen Urquelle al-
„ ler Dinge und aller Vollkommenheiten
„ werden Sie wieder zu sich selbst und zu
„ dem Menschen hinunter steigen. Da Sie
„ gelernet haben werden, was er ist, so
„ werden Sie auch lernen wollen was seine
„ Bestimmung ist, und wodurch er zu der
„ Glückseligkeit gelangen kann, nach deren
„ er sich so lebhaft sehnet. Da werden Sie
„ die mannigfaltigen Verhältnisse kennen ler-
„ nen, in die der einzelne Mensch mit
„ allen Wesen seiner Art von der Natur ge-
„ setzet ist, und in welche er durch die zu-
„ fälligen Abwechslungen der Dinge geräth.
„ Da werden Sie gewahr werden, daß kei-
„ ne dieser Beziehungen ihn anders glücklich
„ machen kann, als in so fern er selbst da-
„ rinn zu andrer Glückseligkeit beyträgt.
„ Da werden Sie also die Tugend kennen
„ lernen, die den Menschen Gott gleich ma-
„ chet, so viel er es werden kann: Da wird
„ sich in Ihnen die alle Wollust übertreffen-

„ de Neigung entwickeln tugendhaft zu seyn,
„ Gutes zu thun; und da wird erst Ihre
„ Seele ein neuer Strom von Vergnügen
„ überschwemmen, das gefühlet aber nicht
„ beschrieben werden kann: Da werden Sie
„ innewerden, daß die Reitze der Erkennt=
„ niß, so groß sie auch sind, dennoch von
„ denselben der Wohlthätigkeit unendlich
„ übertroffen werden.

„ Aber ich werde gewahr, daß es späth
„ wird. Meine Pflicht rufet mich noch
„ heute an einen von hier ziemlich entfern=
„ ten Ort. Ich muß Sie verlassen, mein
„ liebenswürdiger Freund. Wenn Ihnen
„ meine Unterhaltung nicht mißfallen hat,
„ so treffen wir morgen gegen acht Uhr ein=
„ ander wieder in diesem Garten an.

Ich wußte meinem verehrungswürdigen
Lehrer kaum ein Wort zu antworten. „ Un=
„ fähig so viele Ideen und Gedanken, die
„ alle meiner Seele neu waren, auseinan=
„ der zu wickeln, verfiel ich in ein angeneh=
„ mes Staunen, in welchem ich den übri=

(I. Th.) C

„ gen Theil dieses glücklichen Abends zu=
„ brachte. Nichts gleichet den Empfindun=
„ gen, mit welchen ich des folgenden Mor=
„ gens meinen grösten Wohlthäter an dem
„ bestimmten Orte erwartete. Selbst die
„ zärtliche Ungeduld eines Verliebten ist nur
„ ein schwaches Bild davon. Ich durfte
„ nicht lange warten. Der wahre Tugend=
„ hafte ist eben so ungeduldig Gutes zu
„ thun, als die gemeinen Menschen es sind.
„ Gutes zu empfangen. Der Marquis von
„ Marnonville war, wie ich, schon vor acht
„ Uhren in dem Garten. Er spazierte nach=
„ denkend in einer einsamen Allee, und
„ kam mir, sobald er mich erblickte, wie
„ ein zärtlicher Vater einem geliebten Soh=
„ ne entgegen. Ich bezeugete ihm so leb=
„ haft als ich konnte die dankbaren Em=
„ pfindungen meines Herzens, und be=
„ schrieb ihm mit einem Enthusiasmus, der
„ ihm nicht mißfiel, die reitzvollen Gefühle,
„ welche sein Unterricht meiner Seele ge=
„ währet hätte. „ Es ist ein erfreuliches
„ Zeichen, sagte er, wenn meine gestrige

„ Unterredung ihnen zu einem angenehmen
„ Nachdenken Anlaß gegeben hat. Wenn
„ es ihnen also gefällt, so wollen wir die-
„ selbe fortsetzen.

„ Auf diejenigen Erkenntnisse, welche
„ für den Menschen als Menschen wichtig
„ sind, folgen diejenigen, welche ein beson-
„ derer Beruf, eine besondere Lebensart,
„ besondere Umstände jedem auf eine ver-
„ schiedene Weise nothwendig machen. Es
„ ist fast keine menschliche Beschäftigung,
„ welche nicht, wenn sie in ihrer behörigen
„ Vollkommenheit ausgeübet werden soll, ei-
„ nen kostbaren Schatz von Begriffen erhei-
„ sche. Selbst das geringste Handwerk ist
„ hievon nicht ausgenommen. Es ist nicht
„ leicht eines, das nicht wie den Leib, also
„ auch den Geist mehr oder weniger an-
„ strenge. Nach diesem Kennzeichen werden
„ Sie am sichersten die Würde eines Beru-
„ fes und eines Standes beurtheilen kön-
„ nen. Wie grösser, wie edler, wie erha-
„ bener die Begriffe sind, mit denen solche
„ die Seele beschäftigen, desto grösser ist

„ ihre Würde; so wie ihr Werth desto
„ kostbarer und desto vortrefflicher ist, wie
„ grössere und wie ausgebreitetere Anlässe
„ Gutes zu thun, für die besondre und für
„ die allgemeine Glückseligkeit zu arbeiten,
„ sie dem Menschen darbieten. So ist durch
„ alle Stände der menschlichen Gesellschaft
„ ein gewisses Maaß von Einsichten und von
„ Tugenden ausgebreitet, durch welche ie=
„ der glücklich, schätzbar und ehrwürdig
„ werden soll.   Die wahren Glückseligen,
„ die wahren Edeln in jedem Stande sind
„ diejenigen, welche diese Vortheile ihres
„ Berufes mit Geschicklichkeit und mit Weis=
„ heit nützen.   Ich könnte Ihnen zeigen,
„ mein liebenswürdiger Freund, wie der
„ Geistliche, der Rechtsgelehrte, der Staats=
„ mann, der Arzt, der Landwirth, der
„ Handelsmann, ja selbst der geringste Hand=
„ werker, jeder in seinem Berufe, einen
„ reichen und kostbaren Schatz von Begrif=
„ fen finden.   Ich will mich aber nur auf
„ dasjenige einschränken, was Sie am näch=
„ sten angehet.

„ Sie sind ein Officier. Ihr Beruf ist
„ der Kriegsdienst. Aber gestehen Sie mir
„ aufrichtig; Sie thun, wie die meisten ih=
„ rer Mitbrüder, ihren Dienst nur machi=
„ nalisch. Sie haben bisher wenig an die
„ grossen Grundsätze desselben gedacht. Wenn
„ Sie es gethan hätten, so hätten Sie un=
„ möglich jemals Langeweile haben können.
„ Selbst die ersten Anfänge davon, so ein=
„ fältig sie scheinen, werden durch tiefe
„ Grundsätze bestimmet. Haben Sie sich
„ jemals bemühet, die bey uns üblichen
„ Kriegsübungen mit denselben von unsern
„ Nachbarn, oder gar mit denselben der
„ Römer und mit der Gymnastick der Grie=
„ chen zu vergleichen; oder haben Sie sich
„ jemals zu Sinne kommen lassen, weiter
„ zu gehen und zu betrachten, daß alles in
„ unserm Handwerke Ordnung, Symme=
„ trie, Uebereinstimmung erfordert, und
„ daß in den grossen Gesetzen derselben der
„ Grund liegt, warum dieser Beruf für
„ die grösten Köpfe immer so grosse Reitze
„ gehabt hat. Haben Sie jemals nachge=

„ dacht, wie aus einer unendlichen Anzahl
„ von Menschen, derer Absichten, Stärke,
„ und Fähigkeiten unendlich verschieden und
„ einander zuwiderlaufend sind, ein einziger
„ grosser Cörper gebildet wird, und durch
„ welch eine Stärke des Geistes ein grosser
„ Befehlshaber in allen Theilen eines sol-
„ chen fast unübersehbaren Ganzen gegen-
„ wärtig ist, ieden beseelet, und alle zu ei-
„ nem einzigen grossen Endzwecke vereiniget.
„ Haben Sie sich sodann einige Mühe gege-
„ ben, die Lehre von der Erbauung, von
„ dem Angriffe, von der Vertheidigung der
„ Vestungen sich bekannt zu machen. Ha-
„ ben Sie den Grundsätzen der Kriegszucht
„ und den Mitteln, Ordnung, Gesundheit
„ und Ueberfluß in einem Corps und in ei-
„ ner ganzen Armee zu unterhalten, iemals
„ nachgeforschet. Ich will hierüber nicht
„ weitläufiger seyn. Ich habe Ihnen ge-
„ nug gesagt, um Ihnen begreiflich zu ma-
„ chen, welch einen Schatz von grossen und
„ angenehmen Beschäftigungen ihr Beruf
„ ihrer Seele darbeut.

„ Allein Sie haben noch einen Beruf,
„ der in meinen Augen viel grösser, viel
„ edler, viel wichtiger ist, und an den sie
„ vielleicht bisher gar nie gedacht haben.
„ Sie sind ein Republicaner, ein **Bürger**
„ eines freyen Staates, an dessen Regie-
„ rung Sie wahrscheinlicher Weise dereinst
„ Theil nehmen werden.   Wie erhaben,
„ wie groß ist nicht dieser Beruf, mit welch
„ edeln und hohen Begriffen beschäftiget der-
„ selbe nicht die Seele, und wie sehr adelt
„ und erhebet er nicht das Herz, dem er be-
„ ständige Anlässe darbeut, in einem ausge-
„ breiteten Umfange Gutes zu thun. Welch
„ eine schöne Obliegenheit ist es nicht, mit
„ so grossen Gedanken sich zu beschäftigen;
„ welch ein kostbares Vorrecht ist es nicht,
„ so oft zu gemeinnützigen Thaten aufge-
„ fordert zu werden! O mein liebenswür-
„ diger Freund! wenn sie desselben sich wür-
„ dig machen wollen, was werden sie da
„ nicht für einen unerschöpflichen Schatz reitz-
„ voller Nachforschungen finden? Die Pflich-
„ ten und die Rechte des Bürgers, die Ob-

„ liegenheiten der Regierung, die Gesetze
„ des Staates, die Verhältnisse aller seiner
„ Theile gegen einander und gegen das Gan=
„ ze, die Vorzüge und die Mängel eines je=
„ den, die Vollkommenheit des gemeinen
„ Wesens und die Verderbniß desselben, die
„ Mittel jene zu erhöhen und diese zu ver=
„ mindern; die Religion blühen zu machen,
„ die Gesetze zu handhaben, die Talente
„ aufzumuntern, die Wissenschaften zu eh=
„ ren, die Künste zu beleben, und jeden
„ Beruf nach Maaßgabe seiner Nutzbarkeit
„ und seiner Würde zu begünstigen; wie
„ reich an grossen Aussichten sind nicht alle
„ diese Beschäftigungen des freyen Bürgers,
„ welcher seinem Vaterlande würdiglich die=
„ nen will.

„ Sie sollten denken, daß so grosse Haupt=
„ beschäftigungen ihrem Geiste für angeneh=
„ me Zerstreuungen keinen Raum lassen wür=
„ den, vielweniger daß sie dabey sich sehr oft in
„ dem Falle befinden sollten, solcher benö=
„ thiget zu seyn. Es ist indessen nicht an=
„ ders. Der gröste Mann, der weiseste,

„ der rechtschaffenste würde in manchem Au=
„ genblicke seines Lebens der Langenweile und
„ dem Ueberdrusse ausgesetzet seyn, wenn
„ nicht viele angenehme Gegenstände seinem
„ Geiste wechselsweise edle und seiner wür=
„ dige Erholungen gewähreten. Der Staats=
„ mann, der Kriegsmann, der Geistliche,
„ der Arzt, der Handelsmann, können nicht
„ immer eine befriedigende Unterhaltung an
„ den unmittelbaren Beschäftigungen ihres
„ Berufes finden; und so wichtig diese Be=
„ schäftigungen sind, so können dieselben
„ doch in dem für den vernünftigen Men=
„ schen so nöthigen geselligen Umgange die
„ Verbindung der verschiedenen Charaktern
„ und Lebensarten weder erzielen noch un=
„ terhalten. Die Geselligkeit erfordert ge=
„ wisse gemeinschaftliche und allen Ständen
„ angemessene Vergnügungen. Durch sol=
„ che allein können Menschen von den ver=
„ schiedensten Berufen einander angenehm
„ und schätzbar werden. Dieselben vereini=
„ gen sogar diejenigen, welche die gleichen
„ Berufe treiben, auf eine anmuthigere

„ Weise, indem sonst die ewige Einförmig=
„ keit der Unterredungen von ihrem Hand=
„ werke ihnen den Umgang, den sie mit
„ einander haben, eckelhaft machen würde.
„ Deshalben sind die Jagd, das Spiel,
„ der Tanz, die nichtsbedeutenden Besuche,
„ die Galanterie, die Stadtneuigkeiten, die
„ Moden und andre Gegenstände von glei=
„ cher Würde und Wichtigkeit den gemei=
„ nen Geistern unentbehrlich, und desto
„ unentbehrlicher je leerer sonst ihre Köpfe
„ sind.   Edlere Geister hingegen suchen an
„ höhern und vortrefflichern Nebenbeschäfti=
„ gungen eine ihrer würdigere Nahrung.
„ Wie edler eine Seele ist, desto mehr su=
„ chet sie solche Zeitvertreibe und Zerstreuun=
„ gen, welche groß und ihrer würdig sind,
„ welche den erhabenen Gefühlen der Tu=
„ gend nahe kommen, die den Menschen
„ zu den Geschäften seines Berufes geschick=
„ ter und in dem geselligen Umgange ange=
„ nehmer und nützlicher machen.   Diese
„ Kennzeichen bestimmen die Würde und den
„ Werth der Lustbarkeiten, durch welche

„ wohlgeartete Seelen sich und andern das
„ Leben versüssen; der Musik, der Mahle-
„ rey, der Dichtkunst, der Schaubühne,
„ der Baukunst, und aller übrigen Aeste
„ der schönen Künste und Wissenschaften.
„ Oft wird auch das, was die Hauptbe-
„ schäftigung eines Standes ausmachet, für
„ andre ein angenehmes und nützliches Ne-
„ benwerk. So bieten sich dem denkenden
„ Menschen auf allen Seiten unerschöpfli-
„ che Quellen von zufälligen Vergnügungen
„ dar, für die Augenblicke, wo ihm diejeni-
„ gen mangeln oder eckelhaft werden, die
„ seine Hauptbeschäftigungen ihm unmittel-
„ bar gewähren. So sehen sie, mein lie-
„ benswürdiger Freund, daß sie keine Lan-
„ geweile zu befürchten haben in einer Welt,
„ wo tausend Gegenstände zur Beschäfti-
„ gung und zum Vergnügen sich dem Men-
„ schen zudrängen, welcher dieselben zu nü-
„ tzen weiß. „

Ich bot aller meiner Beredsamkeit auf,
um meinem weisen Wohlthäter die dankbaren Empfindungen meines Herzens zu bezeu-

gen, und fügte sodann bey: „ Sie haben
„ mich, verehrungswürdiger Freund, Schätze
„ von einem unendlichen Werthe kennen ge-
„ lehret. Bekränen Sie ihr Werk durch ei-
„ ne neue Wohlthat. Zeigen Sie mir auch,
„ wie ich zu den Gütern gelangen kann,
„ nach welchen Sie die feurigste Sehnsucht
„ in mir erwecket haben. Ich überlasse mich
„ ganz Ihrer weisen Führung, und ich wer-
„ de alle meine Kräfte anstrengen, um mich
„ derselben würdig zu machen. „ Er ent-
sprach mit einer entzückenden Leutseligkeit
meiner Bitte: „ Mit der lebhaftesten Freu-
„ de werde ich alles thun, was in meinem
„ Vermögen stehet ihr Verlangen zu erfül-
„ len, „ antwortete er mir: „ Sie müssen
„ aber ihre Ungeduld mäßigen. Alle ihre
„ Mühen und die meinigen würden verloh-
„ ren seyn, wenn Sie auf einmal alles ein-
„ zubringen gedächten, was Sie bisher ver-
„ säumet haben. Sie würden über Ihre
„ Kräfte arbeiten; Sie würden bald den
„ Muth sinken lassen, und alle Ihre guten
„ Vorsätze würden bald zu nichte werden,

„ nur weil Sie zu viel umfaſſet hätten. Ich
„ gebe Jhnen ein halbes Jahr, ſich durch
„ allerhand gute Leſungen vorzubereiten,
„ die Schaubühne zu beſuchen, und ſich da-
„ durch in den Stand zu ſtellen, theils den
„ Umgang ſolcher Leute zu nützen, welche Sie
„ mit dem wahren Guten und Schönen am
„ beſten werden befreunden können, theils
„ einen zweckmäßigen und wohlgeordneten
„ Plan von Studien zu befolgen. „

Jch las ſodann auf ſein Anrathen die erſten
engliſchen Wochenblätter, den Don Qui-
rotte, den Telemach, die Cyropädie, und
alle andern Schriften des Xenophon, die
Lebensbeſchreibungen des Plutarchs, die hi-
ſtoriſchen Schriften des Hrn. Rollin, die
eben damals in dem gröſten Schwange giengen, verſchiedene andere alte und neue Ge-
ſchichtſchreiber, allerhand Reiſebeſchreibun-
gen, die Gedichte des Boileau, des Raci-
ne, der Corneilles, des Hrn. von Voltaire, des Hrn. von Fontenelle. Jnſonder-
heit entflammeten dieſes letztern Ehrengedächt-
niſſe gelehrter Männer meine Seele mit

dem feurigſten Eifer und der lebhafteſten Ehrerbietung für die Wiſſenſchaften.
Ich beſuchete fleißig die Schaubühne, deren
die Muſen der Herren von Voltaire, la
Chauſſee und Deſtouches damals ein beſon-
deres Leben gaben. Ich brachte manche angenehme Stunde in lehrreichen Unterredungen mit meinem verehrungswürdigen Freunde zu, und ſo verfloſſen ſechs ſchöne und ſe-
lige Monate.

Als dieſe vorbey waren, brachte mir der
Marquis von Marnonville einen ſyſtema-
tiſchen Entwurf neuer Leſungen, durch die
ich mir eine gründliche Erkenntniß alles
desjenigen erwerben ſollte, was mich in den
Stand ſetzen könnte, meine Beſtimmung würdiglich zu erfüllen, und den wahren und richtigen Geſchmack des Guten und des Schönen in meiner Seele zu beveſtigen. Ich beſuchete ſodann auf ſeinen Rath die phyſicali-
ſchen Vorleſungen des Abbts Noller, den
königlichen und andre Bücherſääle, das königliche Naturaliencabinet und andre ſehr
merkwürdige Cabinete, an welchen dieſe

Hauptstadt sehr reich ist. Nachdem er also
meinen Geist allmählich an ein helleres Licht,
und an edlere Beschäftigungen gewöhnet hat=
te, brachte mich mein Wohlthäter in die
Bekanntschaft der Herren von Fontenelle,
von Voltaire und andrer grosser Männer;
und endlich verschaffete er mir sogar den Zu=
tritt zu dem Präsidenten von Montesquieu,
welcher damals eben an dem Werke arbei=
tete, durch welches er sich unsterblich ge=
macht hat.   Ich erwarb mir hierauf selbst
die Freundschaft vieler würdiger Gelehrter,
von denen einige seither sehr berühmt gewor=
den sind, andre aber in der Stille nicht we=
nig zu Ausbreitung der gründlichern und
bessern Denkungsart beygetragen haben, wel=
che seit einigen Jahren in Frankreich die
Oberhand gewinnet, und schon sehr grosse
und sehr nützliche Veränderungen in diesem
Reiche verursachet hat.

So durchlebte ich in Paris neun bis
zehn andre Jahre auf eine weit angenehme=
re Weise als die erstern. Ich schöpfete nicht
nur ein unbeschreibliches Vergnügen aus

meinen Einsichten, die ich täglich erweiter=
te, und aus dem Umgange tugendhafter
und erleuchteter Particularen; ich erwarb
mir auch die Gunst und die Vertraulichkeit
der vornehmsten Generalspersonen und ver=
schiedener Minister. Mein Ansehen vermeh=
rete sich täglich, und ich erhub mich von
einer Stuffe zu der andern. Ich sah eine
glänzende und für den Ehrgeitz überaus schmei=
chelhafte Bahn vor mir. Auch hätte ich es
in dem Dienste gewiß so weit gebracht als
irgend einer unserer Landesleute, wenn ich
noch zehn Jahre darinn geblieben wäre.
Allein wie mehr ich die Reitze der Philoso=
phie und der Wissenschaften kostete, wie mehr
ich den Werth der Dinge kennen lernete,
desto mehr verlohr ich den Geschmack eines
Berufes, über dessen Rechtmäßigkeit ich alle=
zeit einige Zweifel geheget hatte, und wel=
cher mir von Tage zu Tage beschwerlicher
vorkam. Ich fassete also den Entschluß, mei=
ne Bedienung niederzulegen, und mein gan=
zes übriges Leben der Ruhe und den Wis=
senschaften zu widmen. Es war in der Be=

lagerung vor **Freyburg**, da ich dem Marquis von Marnonville diesen Entschluß er-
öffnete, und ihn rathsfragete, wie ich es am
besten anstellen könnte, um meine Tage in
Paris oder in der Nachbarschaft dieser
Stadt, die ich als mein anderes Vaterland
ansah, zu beschliessen. Er billigte meinen
Vorsatz, den Kriegsdienst zu verlassen. „Ich
„ würde das nemliche thun, „ sagte er,
„ wenn nicht meine Pflicht mich zurückhiel-
„ te; es sey nun aus was für Gründen
„ als es wolle, daß unser Ministerium den
„ Krieg angefangen hat. Ich halte es für
„ die Schuldigkeit jedes guten Franzosen,
„ für sein Vaterland zu fechten. Sie aber
„ sind ein Ausländer. Was haben Sie für
„ einen Antheil an **Ludewigs** und **There-**
„ **siens** Streitigkeiten? Wenn ich ein Re-
„ publicaner wäre, so würde ich alle Mo-
„ narchen der Erde verehren und keinem die-
„ nen. Ich kann also nicht anders, als
„ diesen Theil Ihres Vorhabens Ihrer wür-
„ dig finden; aber den andern, so sehr er

(I. Theil.) D

„ nach meinem Geschmacke seyn würde,
„ kann ich nicht gutheissen. Sie wollen sich
„ in Frankreich niederlassen, um allda ru=
„ hig zu leben. Sie, der Sie ein Bürger
„ eines freyen Staates sind, und ein Bür=
„ ger der noch nichts für sein Vaterland ge=
„ than hat, glauben Sie schon die Ruhe
„ verdienet zu haben? Habe ich Sie ge=
„ lehret, daß die Glückseligkeit und die Be=
„ stimmung des Menschen in der Ruhe be=
„ stehe, oder in der Wirksamkeit? Die Ru=
„ he, die Sie freylich aus guten Gründen
„ sehr hoch schätzen, wird aufs höchste Sie
„ allein glücklich machen; aber lebet der
„ Tugendhafte nur für sich selbst, oder ist
„ ohne Beziehung auf andre eine Tugend
„ möglich? Da in Ihrem Vaterlande sich
„ Ihnen ein so weites Feld einer wohlthäti=
„ gen Wirksamkeit öffnet, so würden Sie
„ weder weislich noch gerecht handeln, dem=
„ selben zu entsagen, und eine unedle Ruhe
„ einer rühmlichen Thätigkeit vorzuziehen.
„ Erst alsdann, wenn Sie zu dem Besten
„ ihrer Mitbürger die Erkenntnisse und die

„ Erfahrungen anwenden werden, welche
„ Sie seit zehn Jahren in Lesung der besten
„ Bücher und in dem Umgange der besten
„ Menschen gesammelt haben, werden
„ Ihnen dieselben recht brauchbar, und
„ für Sie eine reine Quelle höherer
„ Vergnügungen werden. Eine einzige gu=
„ te Handlung, eine einzige That, durch
„ welche die Wohlfahrt eines Volkes, so
„ klein es auch ist, befördert wird, ist mehr
„ werth als alle Wissenschaft von der Welt;
„ und der gröste Werth der Gelehrsamkeit
„ bestehet darinn, daß sie den Menschen zu
„ solchen Handlungen tüchtig machet. Wenn
„ Sie also dem Könige nicht mehr dienen
„ wollen, so gehen Sie hin, wo dringendere
„ Pflichten Sie ruffen, und dienen Sie Ihrem
„ Vaterlande. „ So bündig auch die Vor=
stellungen meines Freundes waren, so em=
pfand ich doch einen nicht geringen Wider=
willen gegen dieselben. Ich konnte mich
beynahe nicht entschliessen, dem Umgange so
vieler würdiger Freunde zu entsagen, welche
mir Paris so werth gemachet hatten; und

der Gedanke mich von dem Marquis von
Marnonville auf ewig zu entfernen, war
meinem Herzen unerträglich. Dennoch faßte
ich endlich nach einem schweren Kampfe den
Entschluß darzu.

Der beredteste Mund würde Mühe ha=
ben die Empfindungen zu schildern, welche
der Abschied von meinem verehrungswürdi=
gen Freunde in mir erwecket hat. Seine
zärtliche Wehmuth war der meinigen gleich.
„ Unsere Trennung erfüllet mein Herz mit
„ den bittersten Schmerzen, „ sagte er zu
mir; „aber es wird keines Trostes mehr
„ bedürfen, wenn ich erfahren werde, daß,
„ den Grundsätzen von Tugend und von
„ Ehre getreu, welche ich getrachtet habe
„ Ihnen einzuflößen, Sie als ein redlicher
„ Bürger für das Wohl Ihrer Mitbürger
„ arbeiten.

Voll von diesen Gesinnungen, kam ich
vor ungefehr zwanzig Jahren in mein Va=
terland zurücke. Ich hielt mich da einige
Jahre hindurch ziemlich stille, und meine
einzige Bemühung war, einer vollständigen

Erkenntniß der Geschichte von den Gesetzen und Sitten desselben nachzustreben. Die traurigen Beobachtungen, welche ich bey dieser Arbeit machete, verursacheten mir manchen düstern Augenblick, und ich würde in dem ersten Jahre in Frankreich zurückgekehret seyn, wenn nicht der tugendhafte Urheber meiner Glückseligkeit mich durch die nachdrücklichsten Vorstellungen davon zurückgehalten hätte. Ich übernahm endlich mit Furcht und Zittern ein öffentliches Amt. So vest ich in meinen Gesinnungen, und so aufrichtig mein Entschluß war, dasjenige in Ausübung zu bringen, was ich in dem Umgange alter und neuer Weisen gelernet hatte; so sehr ich bemühet gewesen war, vernünftige und wohlüberlegte Grundsätze bey allen meinen Handlungen zum Grunde zu legen; so fand ich doch, daß es himmelweit verschiedene Sachen wären, in dem Cabinet zu denken, und in der Rathsstube oder an der Landsgemeinde zu handeln.

Ich hatte mich auf tausenderley Widerstände und Hinternisse vorbereitet, aber anstatt eines so ich vorgesehen hatte, kamen mir immer zehn andre in den Weg. Die Verderbniß, die ich im Grunde zu kennen glaubete, zeigte sich mir täglich in einer andern Gestalt. Wenn ich mir Hoffnung mache, ein Vorurtheil zu besiegen, so waren gleich unzähliche andre da, welche sich meinen Absichten widersetzeten. Endlich wurde gar eines allgemein, welches alle meine Bemühungen vereitelte. Ein Ehrgeiziger, ein Mann von denjenigen, welche man in unsern demokratischen Staaten Dreher und in Frankreich Intriguants nennet; ein Mensch, der einige Gaben und viel List besaß, wußte meine Person verhaßt und meine Absichten verdächtig zu machen. Er brachte eine Faction gegen mich zu Stande; obgleich ich ihn auf alle Weise zu besänftigen suchete, so waren doch alle meine Bemühungen vergeblich. Mein Widersacher hatte meinen Untergang geschworen. Es boten sich mir zwar viele meiner Mitbürger an, mit mir gemeine Sache zu machen; allein ich fand es meiner unwürdig, ihren Antrag anzunehmen. „Der

„ Himmel bewahre mich, daß ich mich zu
„ dem Haupte einer Parthey aufwerfe, „
sagte ich zu meinen Freunden, „ ich würde
„ sodann nur euch, ich würde nur denen
„ von meinem Anhange zugehören.   Der
„ rechtschaffene Bürger aber ist der Mann
„ seines ganzen Landes, er ist jedem Land-
„ mann die gleiche Liebe, die gleiche Ge-
„ rechtigkeit, die gleiche Treue schuldig. Er
„ wünschet nur die Einigkeit seiner Mitbür-
„ ger, er befürchtet nichts so sehr als die
„ Trennung derselben; Gewaltthätigkeit,
„ Factionen, Haß, Leidenschaften, können
„ nur die Uebel eines Landes verewigen und
„ verbittern, sie können dieselben nicht mil-
„ dern oder vertilgen. Ein Mann der ver-
„ haßt gemacht worden ist, so unschuldig er
„ auch seyn mag, kann bey seinem Volke we-
„ nig mehr Gutes stiften. Es bleibet mir also
„ nichts übrig, als meinem Vaterlande al-
„ les Gute anzuwünschen, und mich auf
„ meine Güter zu begeben. Glaubet es mir,
„ werthefte Freunde, ich wiederhole es euch
„ nochmals, weil es sehr nöthig ist daß

„ ihr es beherziget, Beharrlichkeit in guten
„ und redlichen Gesinnungen ist eine Tu=
„ gend, welcher wir nie entsagen können
„ ohne uns zu entehren; aber hartnäckigter
„ Eifer, wo keine Möglichkeit ist durchzu=
„ dringen, schadet meistens der guten Sa=
„ che mehr als es derselben nützet. Offen=
„ barer Widerstand und Gewaltthätigkeit
„ können der Verderbniß selten etwas ange=
„ winnen. Die allmählige Ausbreitung ei=
„ nes wohlthätigen Lichtes und edler Gesin=
„ nungen, die langsame aber sich doch im=
„ mer mehr äussernde Milderung der Nei=
„ gungen und der Sitten allein können
„ dieses. Noch sind unsre Mitbürger für
„ das Gute, so wir ihnen gern beybringen
„ wollten, zu schwach. Noch sind ihre Be=
„ griffe dafür zu dunkel und zu verworren.
„ Vielleicht werden meine Söhne, glücklicher
„ als ihr Vater, ihrem Lande die Dienste
„ leisten können, welche ich demselben so
„ gern geleistet hätte. Es soll also in mei=
„ ner Einsamkeit meine einzige, meine vor=
„ nehmste Beschäftigung seyn, dieselben zu

„ dieser beneidungswürdigen Bestimmung
„ vorzubereiten. Ich verlasse indessen euch,
„ theureste Freunde, und mein Vaterland,
„ mit dem gerührtesten Herzen. Fern von
„ euch werde ich immer mit der lebhaftesten
„ Zärtlichkeit an euch denken. Fern von
„ euch sollen euch und meinem Vaterlande
„ alle Regungen meines Herzens, alle Wün=
„ sche desselben gewidmet seyn. „

Ich befolgete einige Monate nachher mei=
nen Entschluß, den ich seither niemals be=
reuet habe. Ich zog auf mein väterliches
Landgut. In einer glückseligen Dunkelheit
widmete ich da meine ruhigen Tage der Er=
ziehung meiner Kinder und den Wissenschaf=
ten, denen ich seit meiner Zurückkunft in das
Vaterland beynahe entsaget hatte. Ich darf
es ohne Eitelkeit vor vertrauten Freunden sa=
gen, daß ich glaube, nun eine weit grössere
Gründlichkeit darinn erlanget zu haben. Das
vornehmste das ich in meinem ganzen Leben
gelernet habe, bestehet indessen darinn, daß
nichts gut, daß nichts des Menschen würdig
ist, als was denselben weiser und besser ma=

chet; daß wenig bedürfen eine mehr als königliche Grösse gewähret, daß die Unabhängigkeit von allen äusserlichen Verhältnissen
die uns nicht zu Wohlthätern von andern
machen, zu unsrer Glückseligkeit unumgänglich nöthig ist; daß die stürmischen Leidenschaften und die unordentlichen Begierden,
die einzigen Quellen des menschlichen Elendes sind; und daß nach den Grundsätzen der
Religion, wie nach denselben der Vernunft,
die höchste Würde und die süsseste Wollust
des Menschen in der grösten Neigung andern
Gutes zu thun bestehet.

Ein würdiger Geistlicher, der nicht weit
von mir wohnete, war mir sowohl zu Erhöhung meiner Einsichten, als bey der Erziehung meiner Kinder ungemein behilflich;
und indem er mich in den reizvollen Ge-
heimnissen der Landwirthschaft unterrichtete,
gewährete er mir den unschätzbaren Vortheil,
die Vergnügungen des Landlebens in ihrem
vollkommenen Umfange zu kosten. Er setzte
mich durch seinen weisen Rath noch in den
Stand, der ganzen umliegenden Gegend ei-

ne wesentliche Wohlthat zu erweisen. Als
in dem Anfange meines hiesigen Aufenthal-
tes, ich mich über die ungeheure Menge von
Bettlern beschwerete, welche täglich mein
Schloß bestürmeten, so rieth er mir, durch
die Errichtung einer Baumwollenspinnerey
die Armuth, die Betteley und den Müßig-
gang aus meiner Nachbarschaft zu verbannen. Er gab sich mit dieser Anstalt eine
nicht geringe Mühe. Als er dieselbe einigermassen in Stand gebracht hatte, so berief
er seinen Bruder, einen geschickten und erleuchteten jungen Kaufmann, um derselben
vorzustehen. Dieser hat sich nun durch seinen von dem Himmel gesegneten Fleiß in
recht glückliche Umstände gesetzet, und sein
angenehmer und lehrreicher Umgang machet
eines meiner grösten Vergnügen aus. Dieser würdige Mann hier, (er zeigete auf den
Eukrates,) besuchet uns sehr oft, und trägt
nicht wenig bey, das vergnügte Leben, das
wir führen, noch angenehmer zu machen.

Meine Zufriedenheit wird noch durch den
glücklichen Erfolg der Erziehung meiner Söh-

ne erhöhet. Ich sehe schon in ihren Herzen
die reineste Liebe der Tugend flammen. Ich
will diese edeln Gesinnungen noch einige
Jahre lang erstarken lassen. Sie sollen sodann auf Reisen gehen, um in fremden Länder Erfahrungen und Erkenntnisse zu sammeln, zu welchen sie auf meinem Schlosse
nicht gelangen können. Alsdann gedenke ich
sie in ihr Vaterland zu führen, um von ihren bürgerlichen Rechten Besitz zu nehmen.
Die glückseligen Veränderungen, die seit
zehn Jahren in der Eidsgenoßschaft so merklich werden, geben mir schon die schmeichel-
haftesten Aussichten für die Tugenden derselben, und die tröstliche Hoffnung, durch sie
dem Vaterlande Vortheile zu gewähren, zu
welchen es zu meiner Zeit noch nicht reif
war. Die Möglichkeit, selbst noch einige
glückliche Früchte meiner Bemühungen zu
geniessen, erhebet mein Herz zu reitzvollen
und erhabenen Gefühlen; und wenn auch
der Trost, die Morgenröthe besserer Zeiten
zu sehen, mir durch den Tod entrissen wird,
so ist es doch immer ein kostbarer Trost,

an das Glück einer Nachwelt zu denken, für
die man gearbeitet hat.

Hier haben Sie, theureste Freunde, die
Geschichte meiner Glückseligkeit, die mich
täglich mehr von dem grossen Grundsatze
überzeuget, daß nur Wahrheit, Tugend und
Unschuld den Menschen glücklich machen
können.

Schinznach,
dritte Unterredung.

Der Mensch, in seinen verschiedenen Verhältnissen betrachtet.

Als wir des Abends wieder unser angenehmes Plätzgen beziehen wollten, fanden wir
dasselbe bereits mit einem Truppe zierlicher
Herren und schöner Frauenzimmer besetzet.
Wir begaben uns deshalben weiter, und
schlugen unsern Sitz auf dem lieblichen Hügel auf, von dem auch Sie, mein liebster
Theokles, mit ihren tugendhaften Freunden
oft das schönste Amphitheater bewundern,
so die Natur gebildet hat. Noch ehe wir
da angelanget waren, hatte schon Eukrates
das Gespräch auf einen philosophischen Gegenstand gelenket. Eukrates ist ein Mann,
der ungemein viel gelesen hat, der einen
überaus feurigen Geist besitzet, und wie
es mir deucht, mehr um in dem Umgange zu glänzen, als weil er so denket, im-

mer bereit ift, einen paradoxen Einfall anzu=
bringen. Als ein befonderer Freund des
Philokles, deffen Arzt und Nachbar er ift,
wohnete er fchon diefen Morgen unfrer philo=
fophifchen Zufammenkunft bey.

Als wir nun uns eine Zeitlang von gleich=
gültigen Dingen unterhalten hatten, fagte
er: Ich hätte in der That nicht geglaubet,
daß, um ein Menfch zu werden, es fo viele
Mühe brauchete, als mein lieber Philokles
dazu angewandt hat. Ich hätte mir nie vor=
geftellet, daß man dazu müßte Lebensbefchrei=
bungen von Akademiften gelefen, die Oper
und die Comödie befuchet, und hundert an=
dre Sachen gefehen und gelernet haben, durch
deren Unwiffenheit eben der wahre Menfch
glücklich ift. Welch ein Unglück wäre es
nicht für das menfchliche Gefchlecht, wenn
man nicht anders weife, tugendhaft, und glück=
lich feyn könnte, als nachdem man fich fo
viele felzame Dinge in den Kopf gefetzet hät=
te. Wie viel einfältiger ift nicht die Natur
in ihren Wegen als die Philofophie! Diefe
gütige Mutter will jenen einfältigen Ackers=

mann, diesen unschuldigen Hirt, eben so
gern glücklich machen als den weisen Philokles und den erhabenen Aristus, wenn sie
schon weder mit einem schimmernden Voltaire sich zu unterreden, noch bey einem dun-
keln Baumgarten Collegia zu hören bestimmet sind.

Jhre Anmerkung würde die vollkommenste Richtigkeit haben, erwiederte hierauf Aristus, wenn wir behaupteten, daß, um glücklich zu werden, alle Menschen die gleiche
Bahn durchlaufen müßten; daß die Natur
iedem derselben die gleiche Glückseligkeit bestimmet hätte. Aber wir sind weit von einer
solchen Ausschweifung entfernet. Ein ganz
geringes Maaß von Empfindungen, von Einsichten und von Gütern kann jenem Ackers-
mann und diesem Hirten die vollkommenste
Zufriedenheit gewähren, deren sie fähig sind.
Dasselbige ist von sehr vielen andern Berufen und Lebensarten wahr. Aber damit diese in der Niedrigkeit und in der Unwissenheit
lebende Menschen ihren Wohlstand geniessen, und damit sie in der Ordnung erhalten

werden mögen, welche dazu unumgänglich
nothwendig iſt, müſſen andre mit einer tief-
ſinnigen Weisheit und mit ausgebreiteten
Einſichten ausgerüſtet ſeyn. Dem Reichen
ſelbſt müſſen ſeine Reichthümer und dem
Mächtigen ſeine Macht zum Verderben gereichen, wenn nicht eine erleuchtete Weisheit für die allgemeine Wohlfahrt wachet,
und ſie in den Stand ſetzt, ſolche zu ihrem und
andrer Beſtem zu nützen; und ſie werden
nie wahrhaftig glücklich ſeyn, wenn nicht
mannigfaltige Erkenntniſſe ihnen einen reichen Stoff darbieten, ihre müßigen Stunden mit angenehmen und edeln Zeitvertrei-
ben anzufüllen.

In Ihrem Syſtem mag dieſes ſtatt haben, antwortete Eukrates, da Sie für das
menſchliche Wohl ſo viel überflüßiges fordern, da Sie den Menſchen mit ſo vielen
Bedürfniſſen beladen, welche die Natur mißkennet und die er weislich entbehren würde,
wenn, ihren einfältigen Geſetzen getreu, er
in ſeiner urſprünglichen Freyheit ſich zu er-

(I. Theil.)   E

halten gewußt hätte; wenn nicht, durch Philosophen und durch Staatsmänner verführet, er, um einiger sehr erträglichen Beschwerden sich zu entledigen, sich in einen unergründlichen Abgrund gestürzet hätte. Rühmen Sie immer den bürgerlichen Stand, Ihr Herren Philosophen, Sie, die in dem Wohlstande und in dem Ansehn die Vortheile desselben ruhig geniessen. Er mag Ihnen sehr anständig seyn. Er hat aber für die meisten Menschen nur die Bedürfnisse und die Nahrung der Laster vermehret. Eben diese Geselligkeit, durch welche eine eitle Staatskunst dem Menschen die höchste Glückseligkeit verspricht, stürzet denselben in das äusserste Elend. Er würde weit glücklicher seyn, wenn, fern von allen betriegrischen Verhältnissen, in welche ausschweifende Begierden ihn versetzet, frey von allen unseligen Ketten, welche die Einbildung und die Vorurtheile ihm geschmidet haben, er in seiner ursprünglichen Unabhängigkeit und in der glückseligen Einfalt, oder soll ich sagen Dummheit lebete, welche allein ihn vor dem Laster, der einzigen wahren Wildheit ver= wahret.

O mein werthester **Eukrates**, sagte auf dieses **Aristus**; es ist von demjenigen, was Sie **Einfalt** nennen, nicht so weit zum **La= ster**, als man insgemein denket. Die wahre **Menschheit** hingegen ist von der **Dumm= heit** sowohl als von der **Wildheit** unendlich unterschieden. Diese sind nichts anders als Unvollkommenheit und Verderbniß; so wie es auch das Laster und die Ausschweifungen sind, welche eine ungerechte Philosophie der bürgerlichen Gesellschaft zur Last leget. Der Mensch ist eben so wenig zum Menschen= fresser und zum Faullenzer geschaffen, als zum Vergifter und zum Verleumder. Er ist ge= bohren um der Freund und der Wohlthäter des Menschen zu seyn, und um den Men= schen zum Freunde und zum Wohlthäter zu haben. Schon die einfältigsten und die na= türlichsten seiner Verhältnisse setzen die Ge= sellschaft und gesellige Neigungen voraus.

Die Thiere sondern sich von ihren Alten ab, sobald sie ihrer nicht mehr bedürfen.

Der Mensch, wenn er nicht ein weit un=
vollkommneres und elenderes Leben führen
will als das schlechteste Thier, kann sich nicht
von dem Menschen trennen. Ein natürli=
cher, ein unüberwindlicher Hang nöthiget
ihn zu dem gesellschaftlichen Leben. Ein nie=
mals ruhiger Trieb bringet ihn von einem
Grade desselben zu dem andern, und endlich
zu der bürgerlichen Vereinigung. Es kann
niemals eine Frage seyn, ob er wohl oder
übel gethan habe in dieselbe zu treten. Die=
ses stuhnd niemals in seiner Wahl. Er muß=
te durch eine natürliche Wirkung unzählicher
von seiner Willkuhr unabhängigen Ursachen
darein gerathen. Er brauchte dazu weder
Philosophen noch Staatsmänner. Er wur=
de unmerklicher Weise allmählich zum Phi=
losophen, zum Bürger, zum Staatsmanne.
Der Trieb, der ihn mit einer unbesiegbaren
Macht anspornet der Glückseligkeit nachzu=
streben, nöthiget ihn auch, solche in der Ge=
sellschaft in einer sich immer mehr ausdäh=
nenden Vereinigung mit andern Menschen,
und endlich in der bürgerlichen Verfassung

zu suchen. In dem roheſten Canadier liegt
ſchon die Anlage zu dem tiefſinnigſten Engelländer oder zu dem verfeinertſten Franzoſen. Die Natur entwickelt ſelbſt allmählich den Bürger aus dem Wilden. Sie iſt
bey dem einen Natur wie bey dem andern.
Sollte es nicht eine nützliche und angenehme
Beſchäftigung ſeyn, derſelben auf ihren weiſen und einfältigen Wegen nachzufolgen; in
dem Menſchen den Bürger aufzuſuchen;
und inſonderheit zu erforſchen, worzu die
Natur ienen beſtimmet hat, um zu urtheilen, wie weit vernünftiger Weiſe dieſer ſeine
Forderungen erſtrecken könne.

Wir bezeugeten alle, daß wir dem Ariſtus unendlich verbunden ſeyn würden, wenn
er uns ſeine Gedanken über dieſen wichtigen
Gegenſtand eröffnen wollte. Ich werde mit
Vergnügen Ihren philoſophiſchen Roman
anhören, fügte Eukrates bey: Aber Sie
werden mir erlauben, Ihnen meine Zweifel
zu eröffnen, ſo bald ich beſorgen werde, daß
Sie auf einen Abweg von der Natur gerathen möchten.

Sie werden mich dardurch verbinden, antwortete Aristus; aber ich werde mich wohl hüten, Ihnen hierzu einen gerechten Anlaß zu geben. Ich will bey den ersten Elementen der Menschheit anfangen. Ich will die Triebe, welche die wohlthätige Weisheit des Urhebers der Natur in unsre Herzen geleget hat, einfältig durchgehen. Da soll gewiß der Huron, dessen Verstand durch den Witz des Bibers beschämet wird, mir seinen Beyfall so wenig versagen. können als der Brutte, welcher sich schmeichelt, alle übrigen Sterblichen an Verstande zu übertreffen.

Der erste Trieb, welcher das menschliche Herz in Bewegung setzet, die Quelle und die Grundlage aller übrigen menschlichen Triebe, ist der zu dem Daseyn, zu der Erhaltung seiner selbst oder zu dem Leben.

Wie ohne diesen Trieb sich die Menschheit nicht denken läßt, so hat auch zu dessen Erfüllung und Erhöhung, so hat zu dem Unterhalt und zu der Versüssung des menschlichen Daseyns die mütterliche Natur den Menschen mit sehr vielen und sehr kostbaren

Vermögen begabet, und ihn in die glückliche Nothwendigkeit verſetzet, dieſelben anzuwenden und wirkſam zu machen.

Weichen Sie nicht hier ſchon von der
Natur ab, fiel hier Eukrates dem Ariſtus
in die Rede. Schon wollen Sie den Menſchen auf ein Meer von Bedürfniſſen führen — Schon ſetzen Sie ſeinen Geiſt in eine
Lage die ihm widernatürlich iſt. Sie beladen ihn mit Arbeit, und der natürliche
Menſch liebet die Ruhe; es iſt ſogar die
Trägheit eine ſeiner vornehmſten Eigenſchaften.

Es kann ſeyn, antwortete Ariſtus, ſo
lang er dumm genug iſt, die Reitze der Wirkſamkeit nicht zu kennen; wenn er aber einmal das Vergnügen zu handeln gekoſtet hat,
ſo iſt ihm gewiß nichts ſo ſehr zuwider als
die Unthätigkeit. Selbſt der Wilde, den Sie
ſo gerne zu dem Muſter des Menſchen machen wollten, iſt im höchſten Grade unruhig
und der Veränderung ergeben. Jagen, Rei-
ten, Kriegen, Trinken machen ihm ſein Leben angenehm, weil ſie ihn der Unthätigkeit

entreiſſen.   Wenn wir alſo ihrem rohen
Menſchen ſeine Freuden nicht ſtreitig ma=
chen, ſo laſſen ſie unſerm beſſern auch die
ſeinigen.   Nach der Verſchiedenheit der Or=
ganiſation, der natürlichen Fähigkeiten, der
Gewohnheit, der Erziehung, liebet jeder
Menſch eine andre Art von Thätigkeit und
einen verſchiedenen Grad derſelben.   Wenn
nicht widernatürliche Urſachen ſeine Wirk=
ſamkeit hemmen, ſo ſtrebet ſein niemals ru=
higer Geiſt unaufhörlich nach neuen Vor=
ſtellungen, ſo ſehnet ſich ſein unerſättliches
Herz immer nach neuen Gütern.   Ohne ei=
ne ihren Fähigkeiten angemeſſene Beſchäfti=
gung fällt ſeine Seele in die Erniedrigung,
in die Bosheit, in das Laſter; und ſein Leib
wird durch den Mangel der Bewegung und
der Arbeit eben ſo ſehr verdorben, als durch
die übertriebenſte Anſtrengung.   Dieſes will
ich Ihnen gar gerne zugeben, mein werthe=
ſter Eutrates, daß in rohen Ländern und
bey Menſchen, welche noch die Kräfte
ihrer Leiber ſehr wenig geübet, und erſt
ein ſehr enges Maaß von Einſichten geſam=

melt haben, diese Wirksamkeit am kleinsten
seyn müsse.

Wie glücklicher hingegen der Mensch or=
ganisieret ist; wie vollkommener seine Em=
pfindlichkeit, wie lebhafter sein Geist ist, de=
sto grösser ist seine Bedürfniß zu arbeiten:
Durch diese ertheilet ihm die Natur ein un=
widersprechliches Recht auf die unendlich man=
nigfaltigen Annehmlichkeiten, welche sie zu
Befriedigung derselben in so reichem Maasse
auf den Erdboden ausstreuet; und durch
diese rechtfertiget sie die lebhafte Begierde,
die ihn antreibet, den Genuß dieser natür=
lichen Vergnügungen, und den Besitz der Gü=
ter welche ihm solche gewähren, sich so sehr
zu versichern, als es möglich ist. Sie ma=
chet es ihm sogar zur Pflicht, so viel dieser
Güter zu erwerben und zu bearbeiten, als
seine Erhaltung und sein Wohlstand erhei=
schen; die Früchte seines Fleisses und seiner
Geschicklichkeit als sein Eigenthum zu nützen
und zu geniessen, und den ungehinterten
Besitz derselben gegen jeden zu behaupten und
zu vertheidigen, der sich unterstehen dürfte,

ihn darinn zu stöhren. Ist bey Ihrem Wil=
den dieses Gefühl nicht eben so lebhaft als
bey jedem nach Ihrem Sinne verdorbenen
Menschen? Wie empfindlich wird er nicht
seyn, wenn Sie ihm seine von ihm nicht
gepflanzten, nur gesammelten Früchte weg=
nehmen; wenn Sie ihm das Gewild, das
er erleget hat, werden abjagen; wenn Sie
ihn des Bogens oder des Pfeiles, der Werk=
zeuge seiner Erhaltung, werden berauben
wollen? Warum wollen Sie es denn mei=
nem bessergearteten Menschen übel nehmen,
wenn er nicht wird zugeben wollen, daß man
das Feld verheere welches er zu seiner Nahrung
gesäet, oder daß man eine Blume zertrete,
die er für seine Freude gepflanzet hat.

Dieses gestatte ich ihm gar gern, ver=
setzte Eukrates; aber er muß kein Raub=
thier werden, das unter dem Scheine der
Gerechtigkeit andern alles wegnehme und
sich alles zueigne. Für dieses wollen wir
nachher sorgen, antwortete Aristus. Er=
lauben Sie mir aber nur anzumerken, daß
die Keime der Ungerechtigkeit eher in dem

Bogen Ihres Jägers verborgen liegen, als in der Spathe meines Pflanzers, und daß jener diesen zu allen Zeiten ungleich mehr beunruhiget habe, als er von ihm ist beeinträchtiget worden.

Eben so sehr, fuhr Aristus fort, als für die Sicherheit seiner Besitzungen, machet die weise Natur den Menschen für die Unverletzlichkeit seiner Person und aller derjenigen fühlbar die ihm werth sind.

Nicht minder hat sie dem empfindlichern Menschen den Trieb zu der Freyheit eingepflanzet, die männliche Neigung seine Wirksamkeit nach eigener Willkuhr auszuüben. Die Herrschaft über seine Handlungen hat für ihn beynahe eben so mächtige Reitze als das Leben selbst; und derjenige, der etwas dagegen unternimmt, beleidiget ihn noch weit merklicher als derjenige, der ihn an seinem Eigenthume kränket.

Sich selbst unzureichend, wird der Mensch durch nicht minder mächtige Triebe genöthiget, den grösten und den kostbarsten Theil

des Vergnügens, deſſen er fähig iſt, **bey**
andern Weſen ſeiner Art zu ſuchen.

Der erſte und der wirkſamſte dieſer Trie=
be iſt derjenige, der mit einem unwiderſteh=
lichen Zuge ein Geſchlecht **zu dem andern**
neiget.   Auf dieſen ſcheinet die Natur alle
ihre Reitze ausgegoſſen zu haben.   Ohne
Zweifel fand die wohlthätige Weisheit ihres
unendlichen Urhebers nöthig, durch ein ſo
mächtiges Mittel die Fortdauer des menſch=
lichen Geſchlechtes zu verſichern,   gleich wie
ſie bey jeder Art der Thiere dieſelbige Ab=
ſicht durch gleichförmige Triebe bewirket hat.

Allein bey dem vernünftigen Menſchen
unterſcheidet ſich dieſe edle Neigung von den
flüchtigen Begierden des Viehes, durch den
Wunſch einer beſtändigen Dauer.   Sie wür=
de des Adels der menſchlichen Seele unwür=
dig ſeyn, wenn ſie ſich auf den Genuß eini=
ger Augenblicke einſchränkete.   Sie würde
durch unendliche Uebel das Leben des em=
pfindlichern Menſchen vergiften, wenn nicht
ein ruhiger und geheiligter Beſitz ihm die
Fortdauer ſeiner Glückſeligkeit verſicherte.

Sie würde denselben mit beständigen Unru=
hen und Sorgen peinigen. Sie würde ihn
jeder grossen und erhabenen Arbeit, jeder
Tugend des geselligen Lebens unfähig ma=
chen, wenn nicht Vernunft und Weisheit
der Heftigkeit ihrer Ausbrüche Schranken
setzeten. Sie würde lauter Elend und Un=
glück über sein ganzes Schicksal ausgiessen,
wenn nicht Ordnung, Mäßigung und An=
ständigkeit sie beseeleten. Es ist also die
dauerhafte Vereinigung der Liebenden, es ist
die reizvolleste, die schönste aller Gesellschaf=
ten, die Pflanzschule und die Quelle dersel=
ben, es ist die Ehe keine Erfindung einer
tyrannischen Staatskunst; sie ist kein uner=
trägliches und hassenswürdiges Joch; sie ist
der stärkste, der feurigste Wunsch der Na=
tur; sie ist die heiligste Stiftung ihres un=
endlich verehrungswürdigen Urhebers.

Gleich mächtig beherrschet den fühlbaren
Menschen ein wohlthätiger Trieb gegen sei=
ne Kinder, die theuern Früchte des höchsten
und reizvollesten Vergnügens, dessen er fähig
ist, ehe seine Seele zu den erhabnern Freu=

den des Geiſtes ſich erhebet. Wenn ſchon in
ſeinen erſten Ausbrüchen dieſer Trieb ſo feu=
rig nicht ſcheinet, ſo iſt er doch in ſeinen Fort=
gängen deſto wirkſamer, da er durch die
Dauer immer mehr Nahrung und mehr Zärt=
lichkeit erhält.   Er dehnet das Daſeyn des
Menſchen gleichſam über die Grenzen des Le=
bens aus.   Er machet ſeine Nachkommen=
ſchaft zu einem Theile von ihm ſelbſt.   Er
machet ihn ſeinen Wohlſtand und ſeine Glück=
ſeligkeit als ſehr mangelbar und ſehr unvoll=
kommen anſehen, wenn er dieſelbe nicht auf
ſeine Enkel fortpflanzen kann.

Die zärtlichen Gefühle von Ehrfurcht
und von Liebe, welche die Kinder gegen
ihre erſten und gröſten Wohlthäter, gegen
ihre Eltern beſeelen, ſind eben ſo ſehr na=
türliche und koſtbare Werkzeuge der menſch=
lichen Glückſeligkeit.

Durch nicht minder wohlthätige Bande hat
die Natur die Kinder der nämlichen Eltern,
weitläuftigere Verwandte, und ſelbſt alle Men=
ſchen mit allen andern Menſchen verknüpfet.
Schöne und erhabene Triebe, die ſich immer

mehr veredeln, je mehr ſie ſich ausdähnen; je
mehr ſie mit einem aufrichtigen Wohlwollen ſich über eine groſſe Menge von Menſchen ausbreiten.

Erſt dieſes koſtbare Wohlwollen, erſt
die geſelligen Triebe, welche aus demſelben
flieſſen, legen den Grund zu dem wahren
Werthe des Menſchen. So viele Quellen
von Vergnügen er auch in ſich ſelbſt und in
ſeinen engern Verhältniſſen finden mag; ſo
ſehr jede natürliche und ordentliche Bewegung ſeines Leibes und ſeiner Seele ihm Luſt
und Anmuth gewähret; ſo würde doch ſein
Leben ſehr traurig und ſeine Zufriedenheit
ſehr unvollkommen ſeyn, wenn alle ſeine
Empfindungen auf ihn und auf ſein Haus
eingeſchloſſen blieben. Er würde höchſt un-
glückſelig ſeyn, wenn, gegen Fremde unfühlbar und ungerecht, er nicht fähig wäre allen
Gutes zu thun, und von allen Gutes zu
empfangen.

Von unzähligen Weſen ſeiner Art umgeben, findet er bey jedem derſelben die gleichen Triebe und alſo auch die gleichen Rech-

te zu verehren, mit denen der allweiſe
Schöpfer ihn ſelbſt verſehen hat. Ein un=
laugbares Gefühl belehret ihn, daß derjeni=
ge ſeinen Zorn und ſeinen Unwillen errege,
der ihn an der Befriedigung der Triebe ſtöh=
ret, welche die Natur ſeiner Seele einge=
pflanzet hat; und daß hingegen derjenige ſich
ſeine Liebe und ſeine Dankbarkeit zuziehe,
welcher ihm zu Erreichung ſeiner Abſichten
behilflich iſt. Die Natur könnte ihn wohl
auf keine nachdrücklichere Weiſe belehren,
daß die Bedürfniſſe und die Rechte andrer
ihm eben ſo heilig ſeyn ſollen, als er wünſchet
daß es die ſeinigen andern ſeyn mögen. Wir
ſehen es alſo mit Recht als ein durch die=
ſelbe tief in das Herz des Menſchen gegra=
benes Geſetz an, daß er **niemand einiges
Leid zufügen,** (*) daß er niemand das Sei=
nige entziehen oder vorenthalten ſoll. (†)

Der eigene Vortheil, die Ruhe, die Zu=
friedenheit jedes Sterblichen, verwahren
dieſes Geſetz mit den dringendſten Beweg=

(*) Neminem lædere.
(†) Suum cuique tribuere.

gründen. Noch mehr: Unfähig sich selbst einen beträchtlichen Grad von Vergnügen zu
gewähren; einer ausgebreitetern und kostba-
rern Glückseligkeit eher durch das Gute fähig, das er andern erweiset, als durch dasjenige so er in seiner eigenen Person geneußt;
in einer beständigen Bedürfniß Hilfe zu ertheilen oder zu empfangen, empfindet der un-
verdorbene, der von Leidenschaften nicht ty-
rannisierte Mensch, der Mensch, welcher
wahrhaftig ein Mensch ist, immer seine
Schwachheit und seine Abhängigkeit. Ihn
erinnert immer eine innerliche Stimme die
Freundschaft andrer Menschen zu suchen,
ihnen das zu thun, was er gerne hätte
daß sie es ihm thäten, und dasjenige gegen
sie zu unterlassen, was er gern hätte daß sie
es gegen ihn unterliessen.

So erhöhen die geselligen Triebe die
Glückseligkeit des Menschen mit edlen und
mannigfaltigen Reitzen, indem sie ihm die
Gefühle, das Vergnügen, die Glückseligkeit andrer eigen machen; indem sie sein

(I. Theil.) F

Zufriedenheit in dem Maaſſe vermehren, ie mehr vergnügte und glückliche Menſchen ihn umgeben; indem die ſeligen Ausflüſſe ſeiner Wohlthätigkeit in reichen Strömen von erhabener Wohlluſt auf ihn zurück flieſſen, und ihm das koſtbare Bewußtſeyn gewähren, daß er durch keine ſeiner Handlungen die Ruhe und die Zufriedenheit andrer Menſchen verletzet hat.

Treue, Redlichkeit, Aufrichtigkeit, Wahrhaftigkeit in den Reden, und Wahrheit in den Handlungen, lauter Eigenſchaften, welche durch ihre natürliche Schönheit die menſchliche Seele adeln und erheben, flieſſen aus dieſen reitzvollen Gefühlen, und geben erſt den Handlungen und den Geſinnungen des Menſchen die Würde und den Anſtand, welche der Hoheit ſeiner Natur angemeſſen ſind.

Ohne Rückſicht auf andrer Wohlergehen, ohne die edle Großmuth ſich eine Vergnügung zu verſagen, um einem andern eine ſolche zu gewähren, ohne den Muth einen Theil ſeines Glückes demſelben von andern aufzuopfern; würde der Mensch nur ein unedles und thierisches Leben führen. Durch diese erhabenen Gefühle allein entstehet in ihm die Tugend; durch dieselben allein wird er, wie der philosophische Dichter, saget, etwas mehr als Herr von dem Gewilde.

Wir verwunderten uns alle, daß **Eu-krates** den **Aristus** so lang ununterbrochen fortreden ließ. **Aristus** selbst schien sich darüber zu befremden. Er hatte einige male eingehalten, um den Einwürfen Raum zu lassen, die er erwartete. **Eukrates** aber schwieg bis hieher stille und bezeugete sodann folgender maßen, daß es nicht ohne Absicht geschehen wäre.

Ich wollte, sagte er, mit Fleiß Sie das Gemähld beendigen lassen, das Sie von dem geselligen Menschen mit so reitzvollen Zügen und mit so glänzenden Farben entwarfen. Nun, da wir dasselbe ganz vor uns liegen haben, können wir es zuverläßiger beurtheilen. Darf ich es Ihnen aufrichtig sagen, Sie haben es gar zu schön gemacht. Sie haben die Flecken vergessen die

das Urbild so mannigfaltig verstellen. Sie
haben mit vieler Geschicklichkeit die Mängel
verborgen, welche dasselbe entzieren. Sie
haben alle Gefühle und alle Triebe in ihren
unschuldigen Fortgängen geschildert, als ob
sie nie von der einfältigen Bahn der Natur
abwichen. Aber der Gemüthsbewegun-
gen, der Leidenschaften, der sträflichen
Neigungen, der Ungerechtigkeiten die den
geselligen Menschen in das Elend und in die
Unordnung stürzen; der ungeheuern Bedürfnisse, mit denen die Einbildung und
die Vorurtheile, Früchte des bürgerlichen
Lebens ihn peinigen; der Ketten und der
Bande, welche die Philosophie und die
Staatskunst ihm anlegen; aller dieser Uebel haben Sie klüglich nicht gedacht.

Ich habe noch nichts vergessen, und
nichts aus sophistischer Klugheit weggelassen,
antwortete Aristus Mein Gemähld ist noch
nicht vollendet. Ich werde die Flecken nicht
verbergen, deren Quellen Sie erst angezei-
get haben; aber ich werde Ihnen zeigen,
daß dieselbigen Quellen nicht von Uebeln al-

lein überfliessen, daß auch die edelsten Vollkommenheiten daraus hervorströhmen, und
daß wir den Menschen seiner erhabensten
Vorzüge berauben würden, wenn wir dieselben ihm gänzlich verschlössen. Es ist ein
Gesetz der Natur, daß jede menschliche Freude mit Bitterkeit, daß jede endliche Vollkommenheit mit Mängeln vermischet sey.
Da also die weise und wohlthätige Vorsehung selbst gut befunden hat, mit dem Guten das sie dem Menschen, der kein Gott
seyn sollte, darbeut, Uebel zu vermengen; so
ist es eine eitle Bemühung, ihn von diesem
gänzlich zu befreyen. Alles was die Philosophie thun kann, ist, die Eindrücke und die
Uebermacht desselben zu verringern.

In dieser Einbildung, über welche der
Sittenrichter oft so gerechte Klagen führet,
liegen die Keime wie vieler Laster und Mängel, also auch der erhabensten Vorzüge verborgen. Ohne diese zauberische Gabe kann
der Mensch die für die Gesundheit seines Leibes und seiner Seele so nöthige Thätigkeit
nur sehr unvollkommen äussern; ohne die

ſelbe kann er keines ſeiner höhern Seelenver-
mögen wirkſam machen; ohne dieſelbe kann
ſich in ihm die glückliche Harmonie nicht entwickeln, welche die ewige Weisheit zwiſchen
jeder erhabenen Vollkommenheit der unzählichen erſchaffenen Dinge , und ſelbſt des einzigen unerſchaffenen Weſens, und zwiſchen den
Gefühlen ſeiner Seele geſtiftet hat.   Ohne
dieſelbe kann er ſich nicht zu der ſo groſſen
als unzweifelbaren Wahrheit erheben, daß
die Ewigkeit ſeine Beſtimmung, und
ein unendlicher Fortgang zur Vollkommenheit ſein Ziel iſt.   Er würde alſo unglücklich, er würde keines ſeiner würdigen Wohlſtandes fähig ſeyn, wenn er ſie nicht beſäſſe.
Sie iſt ihm auch ſo eigen, daß nichts vermögend iſt ihre Entwicklung zu hintern,
wenn einmal eine Seele darzu reif, oder ihre
Macht zu unterdrücken , wenn ſie einmal in
Bewegung geſetzet worden iſt.

Ein unveränderlicher Grundtrieb ſpornet
durch den Stachel derſelben mit einer un-
widerſtehlichen Macht den Menſchen, der ſich
zu höhern Ausſichten oder zu lebhaften Ge-

fühlen erhoben hat, zu der Erhöhung und
der Verbesserung seiner Einsichten und sei=
ner Gefühle an. Er feuert ihn beständig
zu der Verfeinerung und Vermehrung sei=
ner Vergnügen und seiner Kräfte an. Er
hält ihm immer Güter vor, welche seiner
Glückseligkeit mangeln. Er setzet ihn in ei=
ne desto lebhaftere Unruhe, je grösser seine
Fähigkeiten sind. Jede Eroberung entflam=
met seine Sehnsucht nach einer neuen. Wenn
er nicht für seine niemals ruhigen Begierden
sich solche Gegenstände auswählet, die der
Hoheit seiner Seele würdig sind, so ist die=
ser Trieb unstreitig das gefährlichste Werk=
zeug seines Elendes; so ist er in der That
die Quelle unendlicher Laster und Uebel. Er
ist hingegen das schönste und das erhabenste
Vorrecht, womit die Gottheit ihn begünsti=
get hat, wenn, seines ursprünglichen Adels
eingedenk, er seine Aussichten nach der wah=
ren Vollkommenheit richtet, zu deren seine
grosse Bestimmung ihn auffordert.

Der Genuß der sinnlichen Freuden ist
der erste dessen der Mensch fähig ist, ist der=

jenige, welchem derselbe meistentheils am feurigsten nachjaget, und derjenige ohne den sein Geist so wenig als sein Leib bestehen kann. Allein, je dringender die körperlichen Bedürfnisse sind, desto engere Schranken hat der weise Urheber der Natur denselben gesetzet. Wenn der Mensch diese überschreitet, so verliehret er nicht nur alle Ansprache auf jede höhere Vollkommenheit; er wird selbst frühe des Genusses dieser sinnlichen Vergnügungen unfähig; sein Geist wird geschwächet, sein Leib entkräftet und seine Wirksamkeit zerrüttet, oder gar vollkommen gehemmet. Seine dringendsten Vortheile erheischen also, daß er seine Begierden in die bescheidenen Grenzen einschränke, welche die Natur denselben vorgeschrieben hat; und daß er sich sorgfältig hüte, die Sinnenlust anders zu kosten, als in so fern sie jede seiner höhern Vollkommenheiten befördert oder doch nicht hemmet.

Edler, erhabener und mit weniger Gefahren des Mißbrauches begleitet, ist die reitzvolle Empfindung des Schönen und

des Lieblichen welche die Natur über alle
ihre Werke ausgegossen hat, und welche die
Kunst von ihren erhabenen Mustern entleh=
net. Mit einer lebhaften Hitze erhebet sich
jede glücklich geartete Seele zu dieser höhern
Art des Genusses und des Vergnügens. Je=
de Verfeinerung des Geschmackes und der
Fühlbarkeit für das wahre Schöne, ist also
eine Erhöhung der Vollkommenheit eines
denkenden Wesens.

Und auch der Abhängigkeit und der Un=
gerechtigkeit desselben, fügte Eukrates bey.
Eben diese Verfeinerung ist eine Nahrung
der Eitelkeit, der Laster und der Habsucht.
Eben wegen der Mißkenntniß dieser erkün=
stelten Bedürfnisse, ist der einfältige, der na=
türliche Mensch, der Wilde, glücklicher
und schätzbarer als derjenige, dessen Zustand
Sie so vortrefflich finden.

Ich läugne nicht, versetzte Aristus, daß
den Menschen, welcher die Güter der Phan=
tasie und des Glückes nicht kennete, un=
endlich viele Sorgen nicht beunruhigen, und
viele Verbrechen nicht entehren würden.

Aber ich behaupte auch, daß er ungleich mehr Vergnügen und sehr edle Vergnügen entbehren, und daß er zu den erhabensten Tugenden sich nicht erheben würde. Ich will Ihrem Wilden seine Unempfindlichkeit und seine Zufriedenheit nicht streitig machen. Vergönnen Sie aber meinem gesitteten Menschen auch, daß er aus seinem Zustande alle Vortheile ziehe, die es möglich ist daraus zu ziehen. Ich habe erst die geringsten seiner Vorzüge berühret. Wie geringschätzig ist nicht das Vergnügen, welches die schönste Gegend, das künstlichste Gemählde, das prächtigste Gebäude, das vollkommenste Gedicht erwecken, gegen der reitzvollen Empfindung, welche aus der **Erkenntniß erhabener Wahrheiten** fliesset, und gegen der feurigen Ungeduld, mit welcher edle Geister nach derselben ringen. Welch eine edle, welch eine erhabene Wohlust überschwemmet nicht die Seele, welche, nachdem sie unzähliche Spuren der unendlichen Weisheit in der Natur entdecket hat, von der erschaffenen Schönheit und von der endlichen Vollkom-

menheit, zu der unendlichen und unerschaf-
fenen Quelle derselben hinaufsteiget; welche
die glückseligen Verhältnisse entdecket, in denen der sterbliche Mensch mit seinem ewigen
Schöpfer stehet; welche aus den unwandelbaren Grundsätzen des Wahren und des Guten, und aus der unveränderlichen Natur
der Dinge und ihres Urhebers lernet, wie
die Triebe, die sie zur Wohlthätigkeit und
zur Menschlichkeit anspornen, unverletzliche
Gesetze der allerhöchsten Weisheit sind; und
wie diese verehrungswürdige Weisheit, dem
schwachen und durch so viele Begierden und
Leidenschaften herumgetriebnen Menschen
die Vernunft zur Vormünderin gegeben habe, um die Herrschaft in seinem Innern zu
führen, um seine Einsichten in einer leuch-
tenden Ordnung, und seine Neigungen in
einer glücklichen Harmonie zu erhalten, und
um ihm durch diese seligen Wohlthaten den
Besitz des Wohlstandes und der Glückseligkeit zu versichern. Wie erhaben, wie groß
muß nicht der nur durch das Gefühl der
Vollkommenheit zu befriedigende Geist sich

finden, wenn er erkennen lernet, daß jede gute Handlung ihn desto mehr erhebet und adelt, wie mehr durch ihre seligen Einflüsse sie Vollkommenheit in die Welt bringet; wie keine Begierde, kein Gut seiner würdig ist, als in so fern dadurch die Schönheit, die Ordnung, die Harmonie des Ganzen erhöhet werden; und wie nichts für ihn ein bloßes Uebel ist als eine schlimme Handlung, welche den Absichten der höchsten Güte widerspricht, und das Werk des höchsten Werkmeisters verunstaltet.

Wie sehr wird aber nicht noch die menschliche Seele veredelt und erhoben, wenn von der Erkenntniß des Guten sie zu der Ausübung desselben hinübergehet; wenn sie nun dasjenige wird, worzu die unendliche Güte und Weisheit ihres Schöpfers sie bestimmet hat, ein Werkzeug ihrer unendlich wohlthätigen Absichten; wenn sie empfindet, daß ihre Neigungen und ihre Thaten mit diesem verehrungswürdigen Endzwecke in einer glücklichen Harmonie stehen.

So erhebet, durch eine unüberwindliche

Macht angetrieben, der wohlgeartete Mensch
sich von einer Stuffe der Vollkommenheit
zur andern. So schwinget der Weiseste und
der Beste sich zu der erhabensten. Unzählicher Gefühle, unendlich mannigfaltiger Güter fähig, suchet er seine Vollkommenheit in
demjenigen Zustande, da er selbst die angenehmsten und die edelsten Empfindungen ge-
niesset zu denen er aufgelegt ist, und da er
andere, und so viele andere als es ihm möglich ist, der gleichen Vergnügen theilhaft
machet. Gutes thun, in dem grösten Umfange Gutes thun, aus den erhabensten
Absichten Gutes thun, ist also die höchste
Würde der Menschheit, ist die höchste
Stuffe der Tugend. Die Stärke der Wirksamkeit, mit welcher der Mensch diese Wohlthätigkeit äussert die Grösse der Sphäre,
in welcher er dieselbe ausübet, bestimmen,
jene seine innere Vollkommenheit, und
diese seine äusserliche Hoheit; machen zu-
sammengenommen das Maaß seiner inner-
und äusserlichen Glückseligkeit aus.

Obgleich nur wenigen glückseligen Sterb-

lichen vergönnet ist, auf die höhern Stuffen
dieser erhabenen Tugend sich empor zu schwingen, so ist jedem erlaubet, so ist jedem durch
die heiligen Gesetze der Natur befohlen, auf
einen so hohen Grad davon sich zu erheben,
als es ihm seine Kräfte und seine Umstände
zugeben.　　Die richtige Wirksamkeit seiner
Vermögen, und die weise Anwendung derselben zu ihren wahren Endzwecken, machen den wahren Werth und den wahren
Wohlstand des eingeschränktesten Geistes wie
des grösten aus.

Schinznach,
vierte Unterredung.

Die Ungleichheit der Stände. Der bürgerliche Stand. Vollkommenheit und Unvollkommenheit des Staates.

Aristus hatte kaum seine Abbildung von dem Menschen geendet, als wir von einigen Jägern aus unsrer Badgesellschaft gestöhret wurden. Sie kamen mit einem grossen Geräusche von der Spitze des Berges hinunter, auf dessen Fusse wir in einer eben so grossen Stille philosophierten. Sie erzähleten uns mit einem grossen Nachdrucke ihre Abentheuer, und wir höreten ihnen gelassen zu, indem wir mit ihnen zur Tafel giengen. Als wir dieselbe verliessen, sahen wir, daß der folgende Morgen stürmisch und unlustig seyn würde. Wir gaben uns deshalben das Wort, daß wir einander auf dem Zimmer des Philokles antreffen wollten. Wir waren bereits alle beysammen, bis auf den Ari-

stus. Als dieser hereintrat, sagte **Eukrates**
sogleich zu ihm: Sie haben mich gestern
recht entzücket, mein schätzbarer Philosoph.
Sie haben mich in eine angenehme Schwär=
merey dahingerissen.   Sie hatten mich für
einige Zeit mit ihrem policierten Menschen
versöhnet.   Ich fieng schon an, denselben zu
bewundern und glücklich zu schätzen.   Ich
war, da Sie ihren wohlausgesonnenen Ro=
man endigten, bereit, Ihnen den entschei=
dendsten Beyfall darüber zu bezeugen.   Unsre
guten Freunde die Jäger hinderten mich es
zu thun, und seither sind bey mir wichtige
Zweifel wider Ihre Theorie aufgestiegen.
Und diese Zweifel, Aristus, will ich Ihnen
eröffnen, fuhr **Eukrates** mit vieler Lebhaf=
tigkeit fort.   So sehr als Ihnen ist mir der=
jenige Sterbliche verehrungswürdig, welcher
von einer Stuffe der Vollkommenheit zur
andern, und endlich zu der höchsten sich er=
hebet.   Ich würde den bürgerlichen Stand
so sehr als Sie hochschätzen und lieben, wenn
jeder Bürger ein Mensch wäre, wie Sie ihn
schildern; wenn ich in diesem Stande die

Ordnung, die Gleichheit, die Billigkeit
fände, die nach meinen Einsichten allein die
Menschen glücklich machen können. In die=
ser Rücksicht finde ich den Stand der Na=
tur unendlich gerechter. Diese gütige und un=
partheyische Mutter hat jeden Sterblichen
mit den gleichen Rechten versehen. Alle sind
auf die gleiche Weise ihre Kinder und ihre
Lieblinge. Sie umfasset alle mit der glei=
chen Zärtlichkeit. Sie unterwirfet alle den
gleichen Gesetzen. In dem Stande der Na=
tur, in meinem Lieblingsstande, zeiget diese
glückliche Gleichheit sich in ihrem vollkom=
mensten Glanze. Aber in der bürgerlichen
Gesellschaft herrschet nichts als Ungleichheit,
Unterdrückung und Ungerechtigkeit. Da eig=
nen unter dem Namen der Grossen, der Rei=
chen, der Mächtigen, sich wenige Ungerechte
das Recht zu, mit Ausschlusse aller andern
in der Hoheit, in dem Ueberflusse und in der
Weichlichkeit zu schwimmen; das allgemei=
ne Erbgut der Natur unter sich allein zu
theilen, ihre schwächern Brüder davon aus=

(1. Theil.) G

zuschliessen, und dieselben so gar zu ihren
Knechten zu machen. Ist da noch eine Spur
von Gerechtigkeit und von Menschlichkeit zu
finden. Können Sie, schätzbarer **Aristus,**
Sie, der Sie mit einem so erhabenen Eifer
uns lehren, daß der Mensch gebohren sey
den Menschen glücklich zu machen; daß, ohne
ein Werkzeug von andrer Wohlstande zu seyn,
kein Sterblicher eine wahre Zufriedenheit
geniessen könne; können Sie eine solche Ungerechtigkeit gutheissen; können Sie einen
Stand billigen, der ohne dieselbe nicht bestehen kann?

Ich würde der erste seyn den bürgerlichen
Stand zu verabscheuen, antwortete hierauf
Aristus wenn er die Beschuldigung verdie-
nete, welche eine ungerechte Philosophie ihm
aufbürdet. Ich würde denjenigen Stand
verehren, den Sie den Stand der Natur
zu nennen belieben, wenn in der That er den
Menschen vor der Unterdrückung und vor der
Ungerechtigkeit schützete. Allein ich finde in
den Geschichtbüchern und in den Reisebe-
schreibungen allerorten die deutlichsten Spu-

ren, daß sich die Sache ganz umgekehrt ver=
hält; und die Natur des Menschen selbst ge=
stattet es auch nicht anders. Diese natür=
liche Gleichheit kann nichts anders als ein
Stand der Unordnung und der Ungerechtig=
keit seyn. Wenn sie alle andern Unterschie=
de und alle andern Verhältnisse mißkennet,
so hebet sie doch dieselben von der Stärke
und von der Schwäche, von der Verwegen=
heit und von der Furchtsamkeit nicht auf.
Die Erfahrung lehret uns mehr als genug,
daß bey rohen Menschen immer der Starke
den Schwachen unterdrücket. Und sollte die
ewige Weisheit, welche alles beherrschet,
durch unveränderliche Gesetze einen Miß=
brauch gutgeheissen haben, der alle Gerech=
tigkeit zernichtet, und jeden Fortgang zu
einer höhern Vollkommenheit dem einzel=
nen Menschen wie dem ganzen Menschenge=
schlechte unmöglich machet. Nein, diese so
gerechte als wohlthätige Weisheit hat nicht
können den einzigen Unterschied unter den
Menschen billigen, welcher Unordnung, Un=
gerechtigkeit und Verwirrung auf dem gan=

zen Erdkreise verewiget haben würde. Ohne
Zweifel hat sie ihre gerechten und heiligen
Gründe, in gewissen Zeiten keinen andern
Unterschied unter unzählichen Menschen zu
gestatten; und diese Gründe, die wir einzu-
sehen unvermögend sind, müssen wir mit einem bescheidenen Stillschweigen verehren.
Aber wir sehen mit einer Art von Deutlichkeit und von Gewißheit sehr wichtige Gründe ein, warum in bessern Zeiten und bey
bessern Menschen sie Unterschiede eingeführet
hat, welche die Ihrem so gepriesenen Stande der Natur eigenen, die von demselben
unabsönderlichen Ungerechtigkeiten entkräften
und vertilgen.

Da ihre grosse Absicht ist, die Menschen
durch edlere und höhere Gefühle, durch mannigfaltige Geschicklichkeiten, durch wechselsweise Wohlthätigkeit, durch Weisheit und
Tugend, durch Schönheit, Harmonie und
Ordnung glücklich zu machen, und das
menschliche Leben durch unzählige Vorzüge
über die Einförmigkeit des thierischen Daseyns zu erheben; so theilet bey einer durch-

gehnden Gleichheit der Rechte sie dennoch
ihre Gaben nicht allen gleich, noch in dem
gleichen Maaße zu. Den meisten schenket sie
Leibesstärke zu dem Feldbau und zu den
mechanischen Arbeiten. Andern gewähret sie
glückliche Fähigkeiten zu den mannigfaltigen
edlern Künsten und Berufen, durch welche
die menschliche Wohlfahrt erhöhet und ver=
schönert wird. Einige ihrer besondern Lieb=
linge begabet sie mit der Anlage zu erhabe=
nen Einsichten, zur Weisheit und zu einem
ausgebreiteten Wohlwollen. Sie handelt
hierinn nicht als eine partheyische Mutter,
um eines oder das andere ihrer Kinder vor=
züglich durch die Wohlthaten zu begünstigen,
die sie ihm gewähret. In den Vorzügen,
durch welche sie das eine auszeichnet, bezeu=
get sie sich auch um die Wohlfahrt jedes an=
dern besorget. Diejenigen insonderheit,
welche sie mit Stärke der Seele, mit aus=
gebreitetern Erkenntnissen und mit andern er=
habenen Gaben ausgerüstet, hat sie auch
vorzüglich ausersehen, an der Glückseligkeit
andrer zu arbeiten.

Diese grosse Bestimmung machet allein jeden Vorzug den ein Mensch vor einem andern geneußt schätzbar und verehrungs= würdig. Sie allein kann einem Sterblichen über den andern ein gerechtes Ansehen und eine gesetzmäßige Gewalt ertheilen. In derselben liegt der wahre, der einzige recht= mäßige Grund des Unterschiedes der Stände. Wenn der Angesehnere, der Vornehmere, der Mächtigere nicht zugleich der Bessere und der Tugendhaftere ist; wenn er die grosse Wahrheit aus den Augen setzet, die das hei= ligste Vorrecht der Menschheit ausmachet; wenn er vergißt, daß kein Mensch durch des andern Leiden oder Nachtheil glücklich wer= den soll oder es wahrhaftig werden könne; alsdann ist freylich dieser Unterschied nicht mehr gerecht; alsdann werden die Höhern Tyrannen, und die Niedern Sklaven. So= bald ein Sterblicher auf einen Grad von Wohlstande Ansprache machet, durch wel= chen einem andern derjenige entzogen wird, zu welchem ihn die Natur berechtiget, so bald wird er zu einem Feinde der Mensch=

heit. Jede Ungleichheit, welche nicht neben
der Glückseligkeit des einzelnen Menschen die
Vollkommenheit der ganzen Gesellschaft zu
erhöhen dienet, ist eine Ungerechtigkeit, und
eine Verletzung der heiligen Gesetze der Vernunft und der Natur.

Die Grossen, die Vornehmen, die Reichen sind also eigentlich nur Diener der Vorsehung zum Besten der Niedern, der Geringen, der Armen. Die ewige Weisheit thut
ihnen Gutes, erhöhet sie nur, um sie als
Werkzeuge ihrer wohlthätigen Absichten zu
gebrauchen; und wenn sie diesen nicht entsprechen, so sind für sie Grösse, Hoheit und
Ueberfluß nichts anders als wahre Uebel.

Dieses alles, wendete hier Eukrates ein,
beweiset nur die unstreitigen Vorrechte der
Weisheit, der Tugend, der Gerechtigkeit.
Diese anzufechten, hat noch kein Vernünftiger sich zu Sinne kommen lassen. Aber diese
Uebermacht, welche ihnen so selten zu Theile,
welche meistentheils in den Händen der Unwissenheit, der Bosheit und der Ungerechtigkeit, ein Werkzeug der Unterdrückung und

des Elendes wird, diese wird dadurch nicht gerechtfertiget.

Sie wird es freylich, versetzte Aristus. Diese Uebermacht ist durch die unendliche Weisheit der Vorsehung eingeführet wor=den, weil ohne dieselbe, Weisheit, Tugend und Gerechtigkeit unmöglich wirksam wer=den können. Ohne Bedürfnisse, welche den Menschen in die Abhängigkeit von seines gleichen setzen; ohne Gesetze, welche seinen Begierden Schranken, und seinen Handlun=gen Ordnung vorschreiben; ohne Beherr=scher, welche auf die Vollziehung dieser Ge=setze wachen, und welche die allgemeinen An=liegenheiten der Gesellschaften besorgen, wür=de nicht der geringste Grad eines wahren Wohlstandes statt haben, würde das mensch=liche Geschlecht in der Dummheit kriechen, oder in der Wildheit rasen.

Wenn also schon die meisten der ersten Herrschaften, durch Gewaltthätigkeit und Ungerechtigkeiten sind gegründet worden, so ist doch unstreitig, daß ohne diesel=ben weder Ordnung, noch Anständigkeit,

noch Sitten unter den Menschen hätten eingeführet werden können. Wenn schon unendliche Uebel alle Staaten der Erde entehren; wenn schon vielen noch itzund eine vernünftige Verfassung und weise Gesetze
mangeln, so wird doch nicht leicht einer zu
finden seyn, der nicht weit mehr als der
Stand der Natur dem Menschen ein frohes
und angenehmes Leben gewähretel, und dessen
einsmalige Auflösung nicht seine Bürger in
ein weit grösseres Elend stürzen würde, als
dasjenige seyn kann, über welches sie sich zu
beschwehren haben möchten. Da uns also die
unendlich verehrungswürdige Vorsehung in
Umstände versetzet hat, wo, ohne höchst unglücklich zu werden, wir der bürgerlichen
Vereinigung nicht entsagen können, so, deucht
es mir, sollte es der Philosophie weit anständiger seyn die Mittel zu erwägen, durch
welche diese Vereinigung von den Gebrechen die sie entzieren befreyet, und so
allmählig zu der Vollkommenheit deren
sie fähig ist erhoben werden könne, als
eitle Klagen über dieselbe zu führen, und

den Menschen über ein Schicksal ungeduldig zu machen, das er nicht würde ändern
wollen wenn er auch könnte.

Philokles, welcher bisher mit vieler Aufmerksamkeit zugehöret, und sich auf keine
Weise in den philosophischen Streit seines
Freundes und des Aristus gemischet hatte,
kam hier jenem zuvor, da er eben reden
wollte, und sagte: Mein lieber **Eukrates,**
es ist billig, daß Sie einmal aufhören unserm werthesten Aristus zu widersprechen.
Mir deucht, er habe Ihnen mehr als genug
nachgegeben, und sie können nicht anders als
den Vergleich eingehen, den er Ihnen schon
etliche male angetragen hat.   Er überläßt
Ihnen, nach Ihrem Gutbefinden für ihren
Menschen einen Stand und eine Glückseligkeit auszuwählen wie Sie es gut finden.
Gestatten Sie ihm nur auch das gleiche
Recht für den seinigen, für den Menschen,
welcher uns und den meisten derjenigen gleichet, mit welchen wir leben.   Da er uns
nun einmal genugsam überzeuget hat, daß
der bürgerliche Stand **für uns** unausweich-

lich, und eine wahre Wohlthat iſt, ſo wün-
ſchete ich, daß er uns und inſonderheit
dieſen hoffnungsvollen Jünglingen erkläretc,
worinn die wahre Vollkommenheit unſers
Standes beſtehet, und ſodann wie derſelbe
auf dem ihm angemeſſenen Grade davon gebracht werden könne. Wie es für den einzelnen Menſchen höchſt wichtig iſt, das Maaß
von Glückſeligkeit zu erkennen, auf welches
er ſich eine gegründete Hoffnung machen
kann, ſo iſt dieſe Kenntniß für den Staat
und für den Staatsmann nicht weniger nothwendig. Ariſtus hat uns von dem erſtern
mit ſo vieler Gründlichkeit belehret, daß
wir von ihm billig die Ausführung des letztern mit Ungeduld erwarten.

Lukrates lächelte hierzu, und verſprach
als Bedingniſſe eines Waffenſtillſtandes einzugehen was man ihm als Friedensvorſchlä-
ge zugemuthet hatte; denn zu einem vollkommenen Verglieche die Hände zu bieten,
dagegen behauptete er noch gar zu gute
Gründe zu haben. Ich glaube aber, er
war im Grunde froh ſo gut aus der Sache

zu kommen, und sich nicht gezwungen zu se=
hen deutlich einzugestehen, daß er von dem
Aristus des Ungrundes seiner Meynung über=
führet worden wäre.

Aristus erwiederte indessen auf den An=
trag des Philokles, daß niemand besser im
Stande seyn würde seinem Begehren zu ent=
sprechen, als Philokles selbst; da er aber
sehe, daß dieser würdige Freund an der
Art Geschmack gefunden hätte, wie er an=
gefangen habe, den wichtigen Gegenstand zu
behandeln um den es zu thun sey, so wolle
er sich ohne Widerstand zu allem bereit fin=
den lassen, was man von ihm verlange; nur
bitte er, ungeachtet der erst geschlossenen Ca=
pitulation, daß Philokles, oder Eukrates,
oder wir übrigen, ihn zurechte weisen möch=
ten, wenn er sich in einem oder dem andern
Stücke verirren sollte.

Die bürgerliche Vereinigung, fuhr er
hierauf fort, wird vermuthlich der Voll=
kommenheit desto näher kommen, je mehr
sie den Gliedern aus denen sie bestehet einen
ausgebreiteten, ungestörten und dauerhaften

Genuß der unendlich mannigfaltigen Güter
versichert, mit denen die weise Güte des
Himmels die Menschheit vorzüglich zu beglückseligen geruhet hat.

Diese Güter sind weder an Wichtigkeit,
noch an innerlichem Werthe einander gleich.

Diejenigen, welche dem Staate überhaupt und dessen Bürgern insbesondre zu ihrer Erhaltung unentbehrlich sind, gehören
in die Reihe der nothwendigen.

Diejenigen, welche, ohne eben unentbehrlich zu seyn, dennoch durch eine unschädli-
che Erhöhung und Vermehrung der Annehmlichkeiten des Lebens das Vergnügen
des Menschen vergrössern, machen die Classe
der nützlichen aus.

Diese sowohl als jene, haben theils in
sich selbst, theils Verhältnißweise gegen alle
übrigen ihre verschiedenen Stuffen von Würde, sowohl nach ihrer innerlichen Vortrefflichkeit, als nach den mehr oder minder ausgebreiteten Einflüssen, welche sie in die Vollkommenheit des Staates haben.

Ohne einen gewissen Grad von Religion,

von Weisheit, von Gerechtigkeit, von Mäs=
sigkeit, von Standhaftigkeit, von Ord=
nung, von öffentlichem Geiste, kann ein Staat
unmöglich bestehen. Wenn alle Tugenden
daraus verbannet wären, so müßte er noth=
wendig sich selbst zerstören.

Ohne einen der Anzahl der Bürger an=
gemessenen Vorrath von Nahrungsmitteln,
und von den übrigen Geschenken der Natur,
durch welche das menschliche Leben erhalten
und versüsset wird, würde ein Staat nicht
einmal entstehen, vielweniger ein dauerhaf=
tes Daseyn behaupten können.

Die minder erhabenen Vorzüge der See=
le, die lieblichen und glänzenden Gaben des
Geistes, die Anlage zur Beredsamkeit, zur
Dichtkunst, zu allen schönen Künsten, zu
jedem feinen Genusse der Schönheit, des
Wohllautes, des Ebenmaasses, haben, ob=
gleich sie von dem Staate wie von einzelnen
Menschen entbehret werden können, nicht
weniger einen besondern Werth und eine ei=
gene Würde. Sie werden indessen erst als=
dann wahrhaftig verehrungswürdig, wenn

ein weiſer und tugendhafter Gebrauch ſie
adelt.

Die durch ihre Nothwendigkeit ſchon ſo
wichtigen Producten der Natur, werden
durch die Emſigkeit und durch die mannigfaltigen Geſchicklichkeiten des Menſchen auf
vielerley Arten verbeſſert, vermehret, ver-
ſchönert. Oft erhebet ſie ſo gar eine weiſe
Anwendung zn einer beträchtlichen Würde,
indem ſie dieſelben zu Hilfsmitteln der höhern Vollkommenheit des Staates machet.

So ſind in den Augen des Philoſophen
und des Staatsmannes, wie die angenehmen und lieblichen Gaben des Geiſtes und
der Phantaſie, Reichthum und Ueberfluß
wichtig, weil ſie mit Weisheit und mit Tugend vereiniget ſchätzbare Dienerinnen des öffentlichen Wohlſtandes, von derſelben abge-
ſondert aber zu unſeligen Werkzeugen von
Elend und von Verderbniß werden.

Unter den menſchlichen Gütern iſt alſo
noch ein weſentlicher und wichtiger Unter-
ſchied. Die einen können durch einen all-
zumächtigen und allzuſchnellen Anwachs, und

durch eine übelverstandene Anwendung, einzelnen Menschen verderblich und dem Staate nachtheilig, sie können von ihrer Bestimmung abgewendet und in wahre Uebel verwandelt werden; indem andre sich durch eine unveränderliche und unwandelbare Güte hervorthun, und sich unumschränkt
zum Besten des Staates vermehren und
erhöhen können. Weisheit, Tugend, und
alle sittlichen Vollkommenheiten der Seele sind von der letztern Art, da alle andern Vortheile, auch der glänzendste Witz
und die ausgedähnteste Gelehrsamkeit, in die
Reihe der erstern gehören.

So ist ein Staat desto vollkommener,
je mehrere weise, tugendhafte, gottselige,
einsichtsvolle und geschickte Bürger er erstlich
besitzet; und sodann, je mehrere seiner Glieder
mit einem beträchtlichen Vorrathe von äusserlichen Gütern, und insonderheit von denselbigen aus der Classe der unentbehrlichen,
versehen sind.

So groß und so vortrefflich in sich selbst
alle diese Güter des Geistes und des Leibes

sind; so fruchtbar ein Land an kostbaren Producten und an wohlorganisierten Menschen
seyn mag, so würden doch diese schätzbaren
Vortheile von sehr geringem Nutzen seyn;
so würde doch durch dieselbe die Glückseligkeit derjenigen, die damit begabet sind, sehr
wenig befördert werden, wenn nicht ein
gemeinsames Band sie vereinigte, wenn
nicht ein gemeinsamer Geist ihre Wirksamkeit beseelete, und alle Triebfedern derselben
zu dem grossen Endzwecke des allgemeinen
Wohlstandes in eine glückliche Harmonie
ordnete. Dieses kostbare Band ist das Ansehen, die Gewalt, ein dem Menschen un-
entbehrliches Wesen, ein Wesen, ohne welches derselbe sich unmöglich zur wahren Glückseligkeit oder nur zu einem schwachen Grade
von Wohlstande erheben kann; ein Wesen,
das er billig fürchtet, weil in eignen Händen wie in fremden es ihm gleich gefährlich werden kann; und das er mit noch grösserm Rechte verehret und liebet, weil ohne
dasselbe er unstreitig der Raub ein Unge-

(I. Theil.) H

rechtigkeit, der List und der Gewaltthätig=
keit seyn würde.

Seit den ersten Anfängen ihrer Erleuch=
tung haben die Menschen nicht übereins
kommen können, wem sie dasselbe am sicher=
sten anvertrauen, wie viel sie davon für sich
selbst behalten, und wie viel sie ihren Füh=
rern überlassen sollten. Sie nennten Frey=
heit was sie für sich selbst behielten; und
sehr oft ist dasjenige Volk am unglücklichsten
gewesen, welches sich am meisten vorbehal=
ten hat. Sehr oft ist in den Händen ei=
ner kleinen Anzahl das Ansehn ein Werk=
zeug eines allgemeinen Elendes geworden;
und eben so oft hat ein einziger durch das=
selbe unzählische unglücklich gemachet.

Hierinn stimmet indessen das allgemeine
Urtheil aller Vernünftigen überein, daß An=
sehn und Gewalt niemand gehören als dem=
jenigen, welcher sie zum allgemeinen Be=
sten anwendet; und daß dieselben niemals
gerecht seyn können, als in sofern sie diese=
nigen glücklich machen, die ihnen unterwor=
fen sind.

Die ewigen und unwandelbaren Gesetze
der Gerechtigkeit und der Weisheit müssen
also, wenn ein Staat blühend und glücklich seyn soll, die einzigen Leitsterne des Ansehens seyn. Jene versichert dem Bürger
das geheiligte Recht, das Seinige ruhig zu
besitzen und zu geniessen; und diese theilt
jedem Ehre, Würden und andre Vorzüge
in dem Maasse zu, nachdem er eine dem gemeinen Besten vortheilhafte Anwendung davon zu machen verspricht.

Die gerechte und weise Ordnung, durch
welche jedem Gute das die Bürger glücklich, und jeder Eigenschaft welche dieselben
nützlich machet, in dem Staate die ihrer innerlichen Würde und ihrer wohlthätigen Wirksamkeit angemessenste Stelle angewiesen wird:
Die Ordnung, sage ich, machet nicht weniger eine wichtige Vollkommenheit der bürgerlichen Vereinigung aus. Wo dieser kostbare Vorzug mangelt, da muß auch nach
Maaßgabe dieses Gebrechens der Staat feh-
lerhaft und dessen Wohlstand unvollkommen
seyn. Es ist für das allgemeine Wohl un-

endlich viel daran gelegen, daß die grösten
Tugenden und die ausgebreitetsten Einsichten in den ansehnlichsten und wichtigsten
Verhältnissen sich befinden; und daß dagegen das Laster, die Unwissenheit und die
Unfähigkeit in denjenigen Umständen zurückgehalten werden, wo sie ihre schädlichen
Einflüsse am wenigsten äussern und ausbreiten können. Es ist für die allgemeine Wohlfahrt nicht weniger wichtig, daß jede Art
der Emsigkeit, jede Geschicklichkeit die
andre in der vollkommensten Harmonie und
in dem der Vollkommenheit des Ganzen angemessensten Ebenmaasse unterstütze und be-
lebe.

Die allgemeinen Grundsätze, nach welchen die Vollkommenheit eines Staates zu
beurtheilen ist, lassen sich ohne Mühe aus
diesen Betrachtungen zusammenfassen, die
ich bisher vielleicht nur allzu weitläufig ausgeführet habe — und —

Aristus wollte hier fortfahren, aber er
wurde von Eucrates durch einen nicht un-
gegründeten Einwurf unterbrochen: Sie

werden mir erlauben, mein lieber Philokles, und Aristus selbst wird es mir nicht
übel nehmen, wenn, ohne die Bedingnisse
unsers Stillstandes zu verletzen, ich eine Anmerkung mache, die mir nicht überflüßig
scheinet. Mir deucht, unter den Gütern des
einzelnen Menschen verdiene die Abwesenheit des Uebels nicht die letzte Stelle, und
das gleiche wird wohl von einer ganzen Gesellschaft wahr seyn, die aus Menschen bestehet. Ich bin hierinn mit Ihnen einig,
antwortete Aristus. Ich danke Ihnen für
Ihre freundschaftliche Erinnerung, und ich
werde Ihnen sogleich zeigen, daß ich dieselbe zu nutzen weiß.

Ich würde demjenigen Staate den nie-
dersten Grad der Vollkommenheit zuschreiben, in welchem ich neben den größten Uebeln das geringste mögliche Maaß von Religion, von Weisheit, von Wohlthätigkeit,
von öffentlichem Geiste, von Geschicken zu
Künsten und Gewerben, und von den physischen Mitteln zur Erhaltung des Lebens in

der geringſten Ordnung und Uebereinſtimmung antreffen würde.

Wo ich hingegen den höchſten der Menſchheit möglichen Grad von Religion, von
Weisheit, von Wohlthätigkeit, von Tugend, von glücklichen Fähigkeiten, mit dem
gröſten Ueberfluſſe der Güter der Natur in
der vollkommenſten Ordnung und in dem
gerechteſten Ebenmaaſſe vereinigt, und durch
das geringſte mögliche Maaß von Uebel ent-
zieret fände; da würde ich ohne Bedenken
urtheilen, daß der höchſte Grad des Wohlſtandes ein Volk beglückſelige.

Ich habe bereits angemerket, daß ohne
ein gewiſſes Maaß von Vollkommenheit
kein Staat beſtehen könne. Es iſt dieſes
eben ſo unmöglich, als es unwahrſcheinlich
iſt, daß bisher auf unſerm Erdkreiſe der
höchſte mögliche Grad von ſolcher irgend einem Volke zu Theile geworden ſey. Glückſelig iſt dasjenige, deſſen Zuſtand ſich am
wenigſten von derſelben entfernet.

Aber, mein wertheſter Ariſtus, ſagte
hierauf Eukrates, glauben Sie, daß auf

diesem Erdkreise ein Staat sich befinde, wel=
cher dem höchsten Grade der Vollkommen=
heit näher sey als der äussersten Unvollkom=
menheit; und wenn Sie diese Frage nicht
zum Vortheile der bürgerlichen Vereinigung
beantworten können, was fliessen daraus für
Folgen?

Ihre Frage ist schwer, sie ist für mich
unmöglich zu beantworten. Für die Hände
des schwachen Sterblichen ist die Waage des
Guten und des Uebels gar zu schwer zu füh=
ren. Wenn ich aber gezwungen wäre Ih=
nen zu antworten, so würde ich mich nicht
scheuen zu gestehen, daß meiner schwachen
Einsicht nach die meisten oder alle Staaten
die wir kennen noch der Unvollkommenheit
viel näher sind als der Vollkommenheit.
Indessen sehe ich nicht was für traurige Fol=
gen daher fliessen. Wie alle menschliche
Stiftungen, gleich dem Menschen selbst, bey
der Schwachheit und bey der Unvollkom=
menheit anfangen, so mußte die bürgerliche
Gesellschaft auch dem nehmlichen Geseze un=
terworfen seyn. Sie ist die Vereinigung

aller Mittel und aller Anstalten, durch welche die menschliche Glückseligkeit erhöhet werden soll, und sie kann folglich nicht anders
zu einiger Vollkommenheit gelangen, als
nachdem vorher alle Theile dieser grossen
Maschine aus der Unordnung und aus ihrer Unvollkommenheit, welche ihre ersten
Anfänge entzieren mußten, sich erhoben;
nachdem Licht und Weisheit durch alle Theile des Staates in einem glücklichen Ueberflusse sich ergossen, und die Gefühle der
Menschlichkeit und der Tugend, durch die
ganze Masse desselben ausgebreitet, die rohen
Triebe gemildert haben werden, durch deren unselige Einflüsse die menschliche Gesetze,
nach dem leider nur allzuwahren Ausspruche
des Anacharsis, zu Spinneweben werden.
Wer also über die Unvollkommenheiten seines Vaterlandes unzufrieden ist, thue nur
einige von Weisheit geschärfte Blicke in die
vergangnen Zeiten; — er wird tausend Gründe finden dem Himmel zu danken, daß er
ihn in den gegenwärtigen hat lassen gebohr-
ren werden; und ich zweifle nicht, daß

unsre Nachkömmlinge noch mehrere Ursachen
finden werden, ihr Schickſal zu preiſen.
Noch ſind unſre Staaten alle viel jünger als
wir es glauben. Soll ſich ein Kind bekla=
gen, daß es weder die Stärke noch die Weis=
heit eines Mannes beſitzet?

Schinznach,
fünfte Unterredung.

Anfangsgründe der Staatskunst. Religion. Sitten. Erziehung. Freyheit. Gewerbsamkeit. Eigenthum. Strafgerechtigkeit. Policey. Krieg. Auswärtige Geschäfte. Finanzen.

So stürmisch und so unangenehm der Morgen war, den ich Ihnen eben beschrieben habe, verehrungswürdiger Theokles, so heiterte sich doch noch vor dem Mittage das Wetter auf, und der Abend wurde so lieblich als es die vorhergehenden gewesen waren. Wir begaben uns deßhalben wieder mit der lebhaftesten Ungeduld an die reitzvolle Stelle, die wir zu dem Schauplatze unsrer philosophischen Unterhaltungen ausersehen hatten. Aristus war der letzte, welcher da anlangete. Er stieg langsam und nachdenkend den Hügel heran. Als er nahe bey uns war, sagte Philokles zu ihm: Hier kömmt unser werthe Lehrer — und ich bin gewiß, er hat

sich darauf gefaßt gemacht, uns auf eine
nicht minder angenehme und nützliche Art zu
unterhalten als er es diesen Morgen gethan
hat. Er hat uns gelehret die Materialien
zu kennen und zu beurtheilen, aus welchen
das grosse Gebäu des Staates aufgeführet
werden soll. Nun wird er uns zeigen, wie
dieselben mit einer weisen Haushaltung aus-
zutheilen, und zu einer glücklichen Harmonie zu ordnen sind. Nun wird er uns die
Geheimnisse der Staatskunst aufdecken, und
uns lehren die Menschen regieren.

Die Menschen regieren, seines gleichen
beherrschen, erwiederte hierauf Aristus;
o meine werthesten Freunde! dieses ist die
wichtigste und die erhabenste Sorge, welche
der Himmel dem sterblichen Menschen auf-
legen, die schwerste und die bedenklichste,
welche dieser über sich nehmen kann. Macht,
Ansehn, Hoheit, blenden durch einen verführerischen Glanz den Unerfahrnen, und locken
durch gefährliche Reitze den Menschen der
nicht denket. Aber der Weise dringet mit
einem scharfen Blicke durch die täuschende

Hülle, betrachtet mit einer furchtſamen Auf=
merkſamkeit die unzählichen Gefahren wel=
che darunter verborgen liegen, wieget jede
auf der Waage der Klugheit und der Ver=
nunft ab, und zittert.

Der Staat iſt nicht nur ein Gebäu, er
iſt eine ungeheure Maſchine. Die ſo man=
nigfaltigen, ſo verſchiedenen und oft ſo un=
tauglichen Theile und Triebräder derſelben,
nach ihren noch viel mannigfaltigern Ver=
hältniſſen und Einflüſſen in Ordnung brin=
gen, jedes zu einem Werkzeuge machen,
durch welches die Vollkommenheit des Gan=
zen befördert wird, und jedem die Geſetze
vorſchreiben, nach welchen es ſeine Wirk=
ſamkeit auf die vollkommenſte und gemein=
nützigſte Weiſe äuſſern ſoll; dieſes iſt das
Werk der Staatskunſt: Dieſes zu entfal=
ten iſt nicht die Arbeit eines Philoſophen
ohne Erfahrung; dieſes erheiſchet mehr als
ein paar Stunden eines der Erquickung und
der Ruhe geheiligten Abends; dieſes erfor=
dert einen weit andern Lehrer; dieſes gehö=
ret für eine ganz andre Zeit.

O mein werthester Aristus, sagte auf
dieses Philokles, Sie werden uns nicht so
leicht entgehen. — Wenn auch ein Philosophe durch den Mangel der Entschlossenheit,
die vielleicht eine Folge seiner allzutiefen
Einsichten und des zu hellen Lichtes ist, das
in seiner Seele herrschet, und das ihm die
mannigfaltigen Bedenklichkeiten jeder Unternehmung allzu lebhaft vorstellet; wenn, sage ich, auch ein Philosophe zur Führung
grosser Geschäfte, und zur Beherrschung der
Menschen minder tauglich wäre, so ist deßhalben er es doch gewiß nicht, die wahren
Grundsätze der Regierungskunst zu entwickeln.
Dieses fordern wir von Ihnen, mein theuerster Philosophe; wir verlangen auch nicht, daß
Sie uns diesen Abend auf einmal zu Staats-
leuten machen, und auch nicht, daß Sie
uns wie ein akademischer Professor alle
Theile einer unerschöpflichen Wissenschaft methodisch erklären.   Wir bitten Sie nur,
diesen würdigen Jünglingen einen kleinen
Grundriß vorzuzeichnen, den durch ihren

Fleiß und durch ihr Nachdenken zu erweitern sie dereinst sich bestreben werden.

Auch dieses, mein werthester **Philokles,** übersteiget meine Kräfte — und ich müßte die Musse gehabt haben, länger darüber nachzudenken als nur seit den paar Tagen, da wir hier mit einander philosophieren, versetzte **Aristus.** Indessen will ich Ihnen gerne gestehen, daß ich mich auf diese oder eine ähnliche Forderung von Ihnen versehen, und daß ich diesen Nachmittag ein paar Stunden einsam zugebracht habe, um mich auf die Beantwortung derselben vorzubereiten. Sie müssen aber hier mit mir die gleiche Geduld haben, die Sie schon einige male gehabt. Sie müssen mir verzeihen, wenn ich bisweilen auf allzuabgezogne Begriffe verfalle, wenn ich Sie mit trockenen Betrachtungen unterhalte, welche eher in die Schule als auf diese der Zerstreuung und dem Vergnügen geheiligte Rasenbanke gehören. Wir werden Ihnen alles verzeihen, was Sie wollen: — Wir werden alle Bedingnisse eingehen, die Sie uns vorschrei-

ben werden, sagte hierauf **Philokles**; und
Aristus fuhr fort:

Reine und untadelhafte **Sitten**, eine
Religion, die weder durch den Aberglauben
entehret, noch durch den Unglauben geschwächet ist, eine glückliche Austheilung des Ansehens und der Freyheit, die jedem Bürger dasjenige Maaß von Wirksamkeit gestat-
tet, welches mit der allgemeinen Glückseligkeit und mit dem besondern Wohl eines jeden
in dem vollkommensten Verhältnisse stehet;
eine schätzbare Emsigkeit welche alle Classen
der Bürger mit einer wohlthätigen Befeuch-
tung durchströhmet; eine weise Ordnung,
welche jeder derselben, und jeder einzelnen Un-
tereintheilung, von jeder einen so hohen Grad
des Wohlstandes anweiset, als es immer die
allgemeine Wohlfahrt erlaubet; welche jedem
Berufe ein desto grösseres Maaß von Wohlstande und von andern Vorzügen zufliessen
läßt, je mehr er zu der Blüthe des gemeinen Wesens beyträgt; und welche jedem
Bürger den ruhigen und ungestörten Besitz

des Seinigen versichert: Dieses sind die grossen Absichten der Staatskunst.

Wenn in allen Ländern und in allen Zeiten die Menschen einander durchaus gleich wären, so würde die Staatskunst an allen Orten und zu allen Zeiten die nemlichen Maaßregeln zu beobachten haben, wie die nemlichen Absichten und die nemlichen Grundsätze ihre erhabenen Verrichtungen mit einer unveränderlichen Einförmigkeit überall beseelen sollen. Allein, der weise Urheber der Natur hat nach seinen anbetungswürdigen Absichten die Güter des Lebens sowohl, als die Fähigkeiten und die Charaktere der Menschen in der mannigfaltigsten Verschiedenheit durch alle Erdgegenden und durch alle Weltalter vertheilet. Hier ist der Mensch träge, dort ist er wirksam; hier ist er zu dieser, dort zu einer andern Art der Emsigkeit aufgelegt; hier ist er zu diesen Ausschweifungen geneigt, dort zu andern; hier hat er schon einen merklichen Grad der Erleuchtung erlanget, dort gränzet er noch mehr an die Barbarey; hier ist er zu beträchtlichen

Verbesserungen reif, da er anderswo noch
himmelweit davon entfernet ist. Ein Volk
besitzet viele weise, tugendhafte, tapfre und
geschickte Bürger, indem die Anzahl von solchen bey einem andern noch sehr gering ist.
Ein Volk wird durch wohlthätige Vorurtheile beherrschet, indem ein anderes durch
barbarische tyrannisieret wird. Ein Land
hat an diesen, ein anderes an andern Gütern der Natur, einen beträchtlichen Ueberfluß, oder einen merklichen Mangel. Die
stärkere oder schwächere Wirksamkeit, und
die so mannigfaltig abwechselnden Verhältnisse aller dieser Verschiedenheiten, geben
der um das Wohl der Völker besorgten
Weisheit unendlich mannigfaltige Richtungen; und sie schränken die Absichten derselben zu jeder Zeit und in jedem Lande auf
denjenigen Grad der Vollkommenheit ein,
zu welchem sie die Menschen reif findet,
die sich ihrer Leitung anvertrauet haben.

Eine vernünftige Staatskunst unternimmt
deßhalben niemals, auf einmal ein in einem

(I. Theil.) J

hohen Grade tugendhaftes Volk und einen
vollkommen blühenden Staat zu bilden. Sie
machet sich einen wohlüberlegten Entwurf
von Verbesserung.   Sie fängt ihre Arbeit
da an, wo sie es am nothwendigsten erach=
tet, und wo sie sich die leichtesten und die
gewissesten Fortgänge versprechen darf. Sie
gehet mit der behutsamsten Langsamkeit zu
Werke.   Sie umfasset immer nur dasjenige
Maaß von Gutem, das zu erreichen sie eine
wahrscheinliche Hoffnung hat.   Und so ma=
chet sie jeden Sieg über das Uebel zu einem
Werkzeuge neuer Eroberungen, und jeden
Erfolg zu einem Mittel grösserer und ge=
meinnützigerer Endzwecke.   Sie ist deßhal=
ben mit der ängstlichsten Sorgfalt bemühet,
jeden Vortheil, jede Geschicklichkeit, jede
Tugend am vollkommensten zu nutzen; jedem
Laster, jedem Mangel und jedem Gebre=
chen auf das nachdrücklichste zu begegnen:
Jene also zu ordnen, daß alle zu der grösten
möglichen Glückseligkeit des Staates über=
einstimmen, und diese in diejenigen Ver=

hältniſſe zu ſetzen, wo ſie Ihren erhabenen
Abſichten am wenigſten ſchaden können.

Dieſe groſſen und wichtigen Grundſätze
leiten und beleuchten ſie in allen den Bemühungen, die ſie jedem Theile des öffentlichen Wohlſtandes wiedmet.

Der erſte und der vornehmſte Gegenſtand
ihrer Aufmerkſamkeit iſt die Religion. Dieſe iſt das verehrungswürdigſte, ſo der menſchliche Verſtand ſich vorſtellen kann. Sie verdienet, wie durch ihre innere Vortrefflichkeit, alſo auch durch die mächtigen Einflüſſe, welche ſie in die Sitten des Bürgers
und die Ruhe des Staates hat, die zärtlichſte Sorge der Staatskunſt; inſonderheit da faſt
zu allen Zeiten ſie durch die verdorbenen und
verkehrten Leidenſchaften der Menſchen, und,
wenn man es ſagen darf, ſehr oft durch dieſelben der Geiſtlichkeit, zu einem Werkzeuge
unendlicher Uebel mißbrauchet worden iſt.
Nur allzu oft iſt der Geiſt der Liebe, welcher die Seele jedes vernünftigen Gottesdien-
ſtes iſt, in einen Geiſt des Hochmuthes und
der Tyranney verwandelt, und ſind anſtatt

des Glaubens der Aberglaube, und neben
demselben der Unglaube auf den Thron ge=
setzet worden. Unstreitig würde das me nsch=
liche Geschlecht vollkommen glückselig seyn,
wenn die Mühe, die man in den meisten
Ländern genommen hat, die Religion durch
den Geist derselben verläugnende Gese=
tze zu bevestigen, angewandt worden wäre,
die Liebe und die Verträglichkeit den Herzen
einzupflanzen, die Wuth des Hasses und der
Verfolgung aus denselben zu verbannen, und
die Wahrheit durch ihrer würdige Mittel
siegprangen zu machen. Dieses soll die erste
Sorge einer weisen Staatskunst seyn; eine
Sorge, welche so viel Behutsamkeit erhei=
schet als Eifer, und wo eine unermüdete
Wachsamkeit desto nöthiger ist, wie mehr
weise Gesetzgeber und menschliche Beherr=
scher sich dabey des Gebrauchs aller Gewalt=
thätigkeit und aller Zwangsmittel enthalten.
Es ist sicher schon ein Kennzeichen einer ver=
dorbenen Religion, so bald zu ihrer Erhal=
tung und zu ihrer Ausbreitung die Diener
derselben solche Mittel empfehlen oder selbst

gebrauchen. Nichts soll freywilliger seyn als
der Gottesdienst, wenn er dem allerhöchsten
Wesen gefällig, wenn er ein wahrer Gottesdienst seyn soll. Die menschliche Hand, welche hier das Gute wirken will, muß sich meistens mit der äussersten Sorgfalt verbergen.

Die Sorge für die Sitten ist von der
gleichen Natur. Die Tugend und die Religion können weder geboten noch erzwun-
gen werden. Von aller äusserlichen Gewalt
unabhängig, haben sie ihren Sitz in einem
Heiligthume, zu welchem allem Zwange der
Zutritt auf ewig verschlossen ist. Sie verschwinden; sie sind nicht mehr, so bald sie
nicht frey sind. Die Weisheit empfiehlt also auch bey dieser wichtigen Sorge, dem
Staatsmanne mehr die unmittelbaren als die
mittelbaren Wege das Gute zu befördern,
das Uebel zu entkräften, die Nahrung der
schädlichen Leidenschaften zu verbannen, die
Liebe und die Bewunderung der Tugend,
wie den Haß und die Verachtung des Lasters und der Niederträchtigkeit allgemein zu
machen. Der scharfsinnige und patriotische

Dr. Swift hat hierzu der Königinn Anna einen vortrefflichen Vorschlag gethan. (*) Theilet die Ehrenstellen, (†) die Gnaden-gelder, die Ordensbänder und alle euere übrigen Gunstbezeugungen unter euern Hof-leuten und unter euern Unterthanen, nach dem Maaße ihrer Tugend, ihrer Geschick-lichkeit und ihrer Verdienste aus; Ihr wer-det alsobald alle Tugenden und alle Künste in euern Ländern blühen sehen. Ich wollte diesem weisen Rathe noch eine Regel beyfü-gen, welche nicht minder wirksam seyn, und eine viel minder zweydeutige Tugend erzeugen würde. Ich möchte allen Fürsten und allen Grossen zurufen: Fürsten und Vorsteher der Völker! wenn ihr die Tugend ehret, und wenn ihr euere Unterthanen lie-bet, so gebet selbst die leuchtendsten Bey-

(*) S. in der deutschen Uebersetzung seiner Schriften, das erste Stück des vierten Theiles.

(†) Agesilaus befand sich bey der Ausü-bung dieser Regel sehr wohl. S. Xeno-phons Ehrengedächtniß dieses würdigen Kö-nigs von Sparta.

spiele der Bescheidenheit, der Ehrfurcht vor
den ewigen Gesetzen des Guten und vor ihrem anbetungswürdigen Urheber, der Liebe
des Wahren und des Anständigen, des Schönen, und der Hochschätzung jeder nützlichen
Geschicklichkeit. Befleißiget euch in euerm
ganzen Betragen einer edeln und anständigen Einfalt, und verabscheuet jeden Aufwand der nicht mehr die Aufmunterung der
Talente und die Belohnung der Verdienste
zur Absicht hat als euer persönliches Vergnügen.

Indessen ist es nicht möglich Früchte der
Tugend zu erndten, wo die Saamen derselben nicht ausgestreuet worden sind. Es
ist deßhalben die Erziehung der Jugend mit
Rechte immer für den wichtigsten Gegenstand einer erleuchteten Gesetzgebung und einer weisen Regierung angesehen worden.
Die grösten Männer des Alterthums scheinen keinen Theil ihrer Stiftungen mit einer
grössern Zärtlichkeit umfasset zu haben. Mi-
nos und Lykurgus glaubeten, daß ohne
denselben alle Mühe verlohren seyn würde,

welche sie sich gaben, tapfere und kriegeri=
sche Völker zu bilden. Möchten doch, gleich
ihnen, unsre Gesetzgeber bedenken, daß alle
ihre dem Besten ihrer Völker geheiligten
Arbeiten unnütz seyn werden, wenn sie nicht
den Grund dazu in den zartesten Jahren der
Bürger auf die Tugend legen; wenn sie
nicht die ganze Einrichtung der Erziehung
auf die Pflanzung und die Aufmunterung
derselben richten. Allein an dieses wird in
unsern Erziehungsanstalten sehr wenig ge=
dacht. Man füllet unsre Köpfe mit Wör=
tern und mit Regeln, die wir nicht begrei=
fen. Man plaget uns mit den Anfangs=
gründen von Sprachen und von Wissen=
schaften die uns gröstentheils unnütz seyn wer=
den. Bescheiden, mäßig, vergnügsam, ge=
recht, großmüthig, verträglich, standhaft,
menschlich, fromm, tugendhaft seyn; un=
sern Begierden Schranken setzen, ohne welche
wir weder unser eignes Glück bewirken, noch
fremden Wohlstand vertragen können; von
diesem lehret man uns nicht die ersten Ele=
mente. Uns von Jugend an mit den Ge=

ſetzen unſers Vaterlandes bekannt zu ma=
chen, und uns für die Tugend und für das
Verdienſt eine zärtliche Liebe und eine tiefe
Ehrfurcht einzuflöſſen, darauf iſt keine Schu=
le bedacht, und doch iſt dieſes allein eine
wahre Erziehung; doch kann durch dieſes al=
lein ein veſter Grund zu der öffentlichen
Glückſeligkeit geleget worden; doch iſt dieſes
das wirkſamſte Mittel die Laſt der Regie=
rung zu erleichtern. Tugendhafte zu beherr=
ſchen, brauchet wenig Mühe für einen Für=
ſten der ſelbſt tugendhaft iſt. Das Laſter,
die Unordnung, die Unwiſſenheit ſind es al=
lein, welche die Laſt der Regierung ſchwer
machen. Wenn aber die Fürſten und die
Beherrſcher der Völker mit Ernſte die Er=
ziehung ihrer Unterthanen verbeſſert wiſſen
wollen, ſo müſſen ſie dieſe Sorge, nicht, wie
es insgemein zu geſchehen pflegt, denjeni=
gen anvertrauen, welche dazu am ungeſchick=
teſten ſind; ſo müſſen ſie nicht zugeben, daß
von der erhabenſten Beſchäftignng des er=
leuchteten Menſchen durch Niedrigkeit und
durch Verachtung diejenigen abgeſchreckt

werden, welche dazu am tauglichsten wären. Sie müssen zu dieser schweren und
wichtigen Arbeit Männer auffordern, welche
würdig sind Lehrer und Muster der Tugend
zu heissen; und sie müssen mit ihren nützlichen und beschwerlichen Bemühungen die Belohnungen und die Ehre verknüpfen, welche
diejenigen verdienen, die dem Staate die
wesentlichsten Dienste leisten. Diejenigen,
die ihnen Menschen bilden, sollen doch zu
einem so hohen Range und zu einer so be-
quemen Versorgung sich Hoffnung machen
können, als diejenigen, welche der Abrich-
tung ihrer Falken und ihrer Pferde vorstehen. Und wie diejenigen, welche mit Eifer
und mit Erfolge an der Erziehung der Jugend arbeiten, Aufmunterung und Begünstigung verdienen, so sind diejenigen solcher
nicht weniger würdig, welche Proben geben, daß sie den Unterricht derselben sich
rühmlich zu Nutze gemachet haben.

Nach der Religion und den Sitten wiedmet eine gerechte und menschliche Staatskunst die sorgfältigste Achtung der Freyheit,

welche dem seine Würde fühlenden Menschen so kostbar ist.   Ueberzeuget, daß kein
vernünftiger und denkender Bürger sich eines
grössern Theiles davon begeben könne, als
es das allgemeine Beste und seine damit auf
das engeste verknüpfte besondre Wohlfahrt
erheischen, hütet sie sich billig dieselbe anders einzuschränken , als in so fern es für
diese grossen Absichten unumgänglich nothwendig ist. Weislich besorget, diese Ein-
schränkung so unmerklich, oder doch die Vortheile, welche sie durch dieselbe erzielet so
fühlbar zu machen, als es immer möglich
ist, trachtet sie dem Bürger den Verlust eines oft nur eingebildeten, eines meistentheils
mißbrauchten Gutes durch viele wahre und
wesentliche Vortheile zu ersetzen.   In dieser
Absicht wendet sie alle rechtmäßigen Mittel
an, die Würden und die Ehrenstellen nur
den Weisesten und den Tugendhaftesten zu-
fallen zu machen.   Der Bürger empfindet
nicht daß er gehorchet, wenn er überzeuget
ist, daß nur Tugenden und Verdienste die-
nigen über ihn erheben, die ihm gebieten;

und er siehet ohne Neid und ohne Wider=
willen, er siehet mit einer Art von Stolze
durch den er sich selbst erhebet, die Gewalt
über sich in Händen, von denen er weiß,
daß sie unfähig sind solche anders zu gebrau=
chen als um Gutes zu thun. Indessen sind
nicht nur die besten und die tugendhaftesten
Beherrscher und die redlichsten Bedienten
derselben, als unvollkommene Menschen, Lei=
denschaften und Schwachheiten ausgesetzet,
die sie nur allzu leicht zu Fehlern und zu
Ungerechtigkeiten verleiten können: Es ist
auch sehr möglich, und es geschiehet nur all=
zu oft, daß Unwürdige und Lasterhafte in
diese wichtigen Verhältnisse erhoben werden.
Es ist deßhalben eine der wichtigsten Sor=
gen der Staatsklugheit, das Ansehen mit ei=
ner weisen Haushaltung zu vertheilen, je=
der Gewalt ein Gewicht entgegenzusetzen,
vermittelst dessen jede schädliche Uebermacht
geschwächet, und jeder verderbliche Miß=
brauch bekämpfet werden können.

Wie die mannigfaltigen Güter, welche
das menschliche Leben zu erhalten und zu

verſüſſen beſtimmet ſind, für den Wohlſtand
des einzelnen Menſchen und für die Blüthe
des ganzen Staates unumgänglich nothwendig ſind, ſo werden dennoch dieſelben nur allzu oft für den einen ſowohl als für den andern Anläſſe und Werkzeuge des äuſſerſten
Elendes. Eine erleuchtete Staatskunſt ſie-
het es alſo billig als eine ihrer wichtigſten
Pflichten an, erſtlich alle rechtmäßigen Mittel, durch welche dieſelben hervorgebracht
und erworben werden, zu begünſtigen; und
zweytens allen Unordnungen und Ungerechtigkeiten vorzubiegen, welche theils durch die
allzu groſſe und übelverſtandne Hitze, mit
welcher die Menſchen ſolchen nachzuſtreben
pflegen, theils durch den unſeligen Mißbrauch, welchen ſie davon machen, verurſachet werden. Sie beſtrebet ſich deßhalben, die Begierden der Bürger in vernünftigen Schranken zu halten; dieſelbe vorzüglich auf diejenigen Gegenſtände zu lenken,
welche ſie auf die der Geſellſchaft nützlichſte,
oder doch auf die derſelben unſchädlichſte,
Weiſe befriedigen können; alle Hinterniſſe

der Emsigkeit aus dem Wege zu räumen, und, durch die merklichste Begünstigung und Erleichterung derselben, das Leben und den Kreislauf in den Staat zu bringen, welche für dessen Wohlfahrt so nothwendig sind.

. Den Begierden der Menschen Schranken setzen, ist freylich mehr das Werk der Religion und der Philosophie als der Staatskunst. Indessen kann auch diese durch mittelbare und gelinde Anstalten die Herzen der Bürger zu einer weisen und glücklichen Mäßigung vorbereiten, und den wildesten Ausbrüchen der Bosheit und der Leidenschaften zuvorkommen. Sie trachtet deßhalben durch alle ersinnliche Mittel, und insonderheit durch eine weise und wohlgeordnete Erziehung, den Bürgern von dem Werthe der Reichthümer richtige Begriffe einzuflössen, und in den Herzen derselben eine lebhafte Verabscheuung aller ungerechten Wege zu erzeugen, durch welche die niedrige Habsucht nach denselben strebet. Sie schreibet den Beherrschern und den Vorstehern der Völker das grosse Gesetz vor, durch ihre Bey-

spiele und durch ihre Handlungen zu zeigen,
daß von allen Gütern des Menschen sie die
Reichthümer für dasjenige halten, welches
am wenigsten Hochachtung verdienet; und
daß Weisheit, Tugend, Verdienste und nütz=
liche Gaben unendlich weit über dieselben er=
hoben sind. Ihre Gerechtigkeit gewähret je=
dem Bürger den ruhigen Genuß seiner Schä=
tze, und ihrer in den Augen des Weisen sehr
verächtlichen Früchte, des Wohllebens, der
Bequemlichkeit, des Prachtes: Aber ihre
Weisheit wachet mit einer unermüdeten Sorg=
falt, daß sie nicht Ehre, Würden und An=
sehn zu ihrem Raube machen; daß sie nicht
den Glanz der Tugend und der Verdienste
verdunkeln; daß nicht der Mißbrauch des
Ueberflusses eine Quelle von Elend und ein
Werkzeug der Unterdrückung werde, und
daß, in einem glücklichen Ebenmaaße durch
den ganzen Staat vertheilet, dieser Ueber=
fluß so viele Glieder desselben beglückselige als
es immer möglich ist. Sie ist aber viel zu
erleuchtet, als daß sie unternähme, einen un=
bezähmbaren Strohm in ein gekünsteltes Bete

zu zwingen: Sie bestrebet sich nur Canäle und Leitungen zu graben, welche das Wasser auf alle Seiten in dem Maasse austheilen, wie es für die Fruchtbarkeit der ganzen Gegend am vorträglichsten ist; Leitungen, welche hier dem verheerenden Ueberschwalle, dort der schädlichen Versitzung, und dort dem gänzlichen Mangel der Feuchtigkeit abhelfen.

So hat eine erleuchtete Staatskunst, wenn sie den Staat wider die schädlichen Folgen der Reichthümer verwahret hat, nicht mehr nöthig, gleich dem grossen Spartaner, denselben den Eingang zu verschliessen. Sie siehet es im Gegentheile als eine ihrer vornehmsten Sorgen an, Emsigkeit und Handelschaft zu befördern, ohne welche der Staat bald wieder in die Barbarey verfallen würde. Sie wendet mit einer wohlthätigen und weisen Aufmerksamkeit auf jeden Theil dieses wichtigen Astes von dem öffentlichen Wohlstande diejenige Mühe, welche jeder erfordert und verdienet; und trachtet jeden zu einem Beförderungsmittel aller übrigen zu machen, und die Mißbräuche, die Vor-

urtheile und den übelverstandnen Eigennu=
ßen zu bekämpfen, welche unter tausender=
ley Gestalten dieser gemeinnüßigen Absicht
hinterlich sind. Vor allen Dingen den Feld=
bau, die vornehmste Grundveste des allge=
meinen Wohlstandes, und die unentbehrlich=
sten Handwerker, die Werkzeuge und die
Handlangerinnen des Feldbaues, und nach
diesen die minder nöthigen Künste und Ge=
werbe blühen machen; für den Ueberfluß,
die Wohlfeile und die Güte der Nahrungs=
mittel, und durch diese für die zu der Blüthe
des Staates so nöthige Bevölkerung sorgen;
wenn dieser veste und nöthige Grund geleget
ist, das prächtige Gebäu der Handelschaft
auf denselben aufführen; jeder Art des Fleiß=
ßes und der Arbeitsamkeit die Stelle, die
Ausdehnung und die Wirksamkeit anweisen,
durch welche das Ganze am meisten Stärke
und Schönheit erhält; die Gaben, die Ein=
sichten, die Entdeckungen nach ihrer innern
Würde und nach ihrer Nüßlichkeit belohnen:
Welch eine würdige Beschäftigung ist dieses

(I. Theil.)   K

nicht für die um die allgemeine Wohlfahrt
besorgte Weisheit!

Die erworbenen Rechte und Güter ruhig
zu besitzen, ist ein eben so starker Wunsch
des Menschen, als solche zu erwerben. Die
Emsigkeit, und die Begierde nach Vorzügen
und nach Verdiensten würden bald erlöschen,
wenn nicht die Gesetze und die Gerechtigkeit
den Anfällen der Habsucht, des Unverstan=
des und des Mißverstandes Einhalt thäten,
und wenn sie nicht jedem Bürger den unge=
stöhrten Genuß des Seinigen versicherten.
Es ist eine wichtige Sorge der Staatsklug=
heit, Mittel und Wege ausfündig zu ma=
chen um die Anstände zu heben, welche die
Leidenschaften und die Unwissenheit unter den
Bürgern zu erzeugen pflegen. Diese We=
ge trachtet sie billig so kurz und so einfältig
zu machen als es nur möglich ist; und sie
ist nicht weniger bemühet, durch deutliche
und wohlbestimmte Gesetze die Anlässe zu
Zwistigkeiten zu ersticken und zu vermindern.
Die Langwierigkeit, die Kostbarkeit und die
Verwirrung der Rechtshändel sind eine Ty=

rannen wie sie eine Ungerechtigkeit sind. Es ist kein Mitglied des Staates und kein Ast des öffentlichen Wohlstandes, welche nicht dadurch unendlich leiden. Die Gesetze haben in den meisten policierten Ländern für einige Arten der Bürger und der Geschäfte vorzüglich gesorget. Sie haben, um den geschäftigen Lauf der Handelschaft nicht zu hemmen, um die bedauernswürdigen Umstände sowohl als die Unwissenheit der Wittwen, der Waisen und der Landleute zu erleichtern, und um der Kirche und den milden Stiftungen ihre Ehrfurcht zu bezeugen, denselben eine kürzere und schleunigere Gerechtigkeitsklage zugestanden. Warum sollte sie aber nicht gegen alle Theile des Staates gleich gerecht und gleich gütig seyn, da ihnen an der Wirksamkeit und an der Ruhe jedes derselben unendlich viel gelegen seyn soll? Eine weise Staatskunst trachtet also, so viel es ohne eine der Gerechtigkeit nachtheilige Uebereilung geschehen kann, allen Verzügen der Ungerechtigkeit und der Gewinnsucht vorzubiegen und den Lauf der

Rechtspflege so geschwind und so leicht zu
machen als es nur möglich ist.

Wie sie jedem Bürger überläßt, nach
Gutbefinden die Hilfe des richterlichen Amtes wider diejenigen Beleidigungen anzuru-
fen, welche die allgemeine Wohlfahrt und
die zu Erhaltung derselben so nöthige Ordnung nicht merklich stöhren; so verordnet sie
hingegen öffentliche und wirksame Anstalten
zur Ahndung und zur Bestrafung der Verbrechen, welche der öffentlichen Ehrbarkeit,
Ruhe und Sicherheit allzu nachtheilig seyn
können. Ihre erste Sorge ist hier, durch die
weisesten und wirksamsten Mittel jedem Verbrechen und jeder Unordnung zuvorzukom-
men. Sie bestimmet sodann gerechte und
angemessene Strafen für jedes Vergehen,
das ihre Weisheit und ihre Wachsamkeit
nicht hat verhüten können. Bey Abfassung
dieser Vorschriften ist die Menschlichkeit ihre
erste Rathgeberin, und die Weisheit ihr einziger Leitstern. Sie ist nie schärfer als es
die öffentliche Ordnung unumgänglich erfordert. Sie hütet sich sorgfältig, mehr als es

die höchste Noth erheischet, die Freyheit
oder die Sicherheit eines Menschen anzugrei-
fen, der noch unschuldig oder doch in einem
niederern Grade strafbar seyn kann. Sie verabscheuet deßhalben die peinliche Frage als
eine die Menschheit entehrende Ungerechtigkeit; und wenn sie sich gezwungen siehet unglückliche Menschen zu Untersuchung eines
auf sie gefallenen Verdachtes in Verwahrung zu nehmen, so machet sie niemals die
Gefangenschaft zum Anfange einer Bestrafung, von der es noch ungewiß ist, ob sie
solche verdienet haben; und für diejenigen,
welche von einem Verbrechen überführet sind,
wieget sie mit der äussersten Sorgfalt die
Straffe gegen die Grösse und die Natur
des Uebels, und gegen die Folgen ab, welche ein solches nach sich ziehen kann. Dem
Beleidigten Sicherheit und Ersatz verschaffen, das Uebel und dessen verderbliche Folgen aus dem Staate verbannen, und den
Verbrecher bessern: Dieses ist alles, was
sich die strafende Gerechtigkeit vorsetzen kann.
So bald sie weiter gehet, ist sie nicht mehr

Gerechtigkeit; so bald sie mehr thut als dieser Zweck nothwendig erheischet, so bald sie
ein härteres Mittel vorziehet, wo sie ein gelinderes gebrauchen könnte, so bald wird sie
zur Tyranney.

Von der seiner Natur wesentlichen Unvollkommenheit hat der Mensch sehr mannigfaltige Uebel zu befürchten. Auch diese
machet die Staatsklugheit zu Gegenständen
ihrer dem gemeinen Besten geheiligten Bemühungen. Sie befördert in dieser Absicht
solche Wissenschaften und Erkenntnisse, welche den Menschen lehren, die Gesundheit
und die Stärke seines Leibes zu erhalten und
zu erhöhen. Sie begünstiget auf alle Arten
die verehrungswürdigen Männer, welche sich
in denselben hervorthun; und sie machet die
wirksamsten Anstalten, die Erweiterung und
die Ausbreitung der Einsichten zu befördern,
durch welche sich dieselben der Menschheit
nützlich erweisen; und sie bedienet sich ihres
weisen Rathes, um durch öffentliche Einrichtungen den Uebeln vorzubiegen, gegen
welche der einzelne Bürger insgemein allzu

nachläßig oder unvermögend iſt. Ihre Wachſamkeit umfaſſet auch die kleinſten Gegenſtände welche in dieſen wichtigen Theil des
allgemeinen Wohlſtandes einigen Einfluß haben. Die Gebäude, die Nahrungsmittel,
die Reinlichkeit der Städte, die Spiele und
die Luſtbarkeiten der Bürger beſchäftigen ſie
in dieſer Rückſicht eben ſo ſehr, als die be-
vorſtehende Furcht einer Seuche oder einer
Peſt. Sie iſt überzeuget, daß dasjenige noch
mehr verdienet beherziget zu werden, was
durch langſame Einflüſſe die Organiſation
der Leiber verderben, und die Menſchenart
verſchlimmern kann, als dasjenige, was auf
einmal einen groſſen aber vorübergehnden
Schaden verurſachet; deſſen Umſtände unendlich furchtbar, ſeine Folgen aber ſelten
ſo verderblich ſind als die von jenen unbe-
merkten Uebeln.

Alle Staaten der Erde ſind endlich in
Zeiten der Barbarey und der Zerrüttung gegründet worden. Der erſte Beruf aller Völker iſt der Krieg geweſen. Seit den erſten
Anfängen der bürgerlichen Verfaſſung, hat

jedes Volk das andre als seinen natürlichen
Feind angesehen, und ist der ansehnlichste
Theil der Staatskunst darinn bestanden, ent=
weder durch List oder durch Gewalt andre
zu unterdrücken, oder wider andrer Ueber=
macht seine Freyheit und seine Sicherheit zu
vertheidigen. Noch in unsern erleuchteten
Zeiten ist es zur Schande der Menschheit
auf die gleiche Weise beschaffen. Wenn also
die Menschlichkeit und die Vernunft den Be=
herrschern der Völker und ihren Ministern
auf das dringendste zurufen, der Barbarey zu
entsagen, jede Nation ungestöhret ihre Glück=
seligkeit geniessen zu lassen, welche durch ei=
ne natürliche Nothwendigkeit auch über je=
des benachbarte Volk glückliche Ausflüsse er=
giessen muß, und den Frieden als das edelste
aller politischen Güter anzusehen; so erinnert
doch die Klugheit dieselben, sich beständig in
einer Verfassung zu halten, als ob noch die
alte Barbarey das allgemeine Gesetz des Erd=
kreises wäre. In dieser Rücksicht machen
die auswärtigen Verhältnisse der Staaten ge=
gen einander schon einen beträchtlichen Ge=

genstand der Staatskunst aus. Allein, unabhängig von diesen Ueberbleibseln der Barbarey, verbindet schon die Natur durch ihr
unverletzliches Gesetz die Völker, wie die einzelnen Menschen, zu den Pflichten einer wech-
selsweisen Wohlthätigkeit und Gerechtigkeit.
Wie kein Mensch glücklich und ruhig seyn
kann, ohne von ebenfalls glücklichen und
ruhigen Menschen umgeben zu seyn; so kann
auch kein Staat sich eine wahre Blüthe versprechen, wenn nicht die Staaten die ihn
umgeben einen gewissen Grad von Wohlstande und von Erleuchtung geniessen. Die
erste Sorge der wahren Politick ist also, mit
den benachbarten Staaten Ruhe, Friede,
und ein gutes Vernehmen zu unterhalten, und alle Anlässe auszuweichen, durch
welche Mißverstand und Zwistigkeiten mit
denselben erreget werden können. Weil es
aber nur zu möglich ist, daß Ehrgeitz, Ei-
gennutzen oder Unverstand diejenigen, welche bey denselben das Ruder führen, verleiten das unselige Feuer der Zwietracht
anzuflammen, so erfordert die Klugheit,

daß jeder Staat mit allen ersinnlichen Mitteln zur Vertheidigung sich versehe, und insonderheit, daß er durch die wirksamsten Anstalten trachte, die kriegerischen Tugenden den Herzen der Bürger einzuflössen, und die Talente aufzumuntern, durch welche dieselben am nachdrücklichsten unterstützet werden können. Aber gleich wichtige Beweggründe fordern ihn auf, den Kriegsmann in dem Frieden, wo er so oft ein gefährlicher Bürger und eine Last des Staates wird, zu einem so nützlichen Gliede der Gesellschaft zu machen, als er es in dem Kriege ist. Die Abhärtung, welche den Soldaten zu jeder Arbeit vorbereitet, ist eine der nützlichsten und der schätzbarsten Eigenschaften; und der erhabene Muth, welcher den Officier beseelet, machet den Menschen jeder Tugend fähig, ist jedem Stande rühmlich, und adelt jedes Verdienst. So waren bey den ruhmwürdigsten Völkern des Alterthumes zugleich der Heerführer ein Staatsmann, und der Soldat ein Bürger. Wer im Kriege das Vaterland mit unerschrockenem Muthe verthei-

diget hatte, arbeitete im Frieden gleich rühmlich für die Blüthe und für den Wohlstand
desselben. Sollte es ein so chimärischer Vorschlag seyn Anstalten zu treffen, daß die jungen Officiers, welche zum Nachtheil ihrer
Sitten und der öffentlichen Ordnung so viele
müßige Zeit haben, in den Besatzungen und
selbst im Felde in denjenigen Kenntnissen un-
terrichtet würden, durch welche sie dereinst
würdige Magistratspersonen, geschickte Land-
wirthe und in allen Rücksichten nützliche
Bürger werden könnten?

Ich plaudre vielleicht gar zu lange, meine werthesten Freunde, es wird schon späth —
Wir wollen uns auf den Heimweg begeben.
Ich habe nur noch einen Gegenstand der
Staatskunst zu berühren, und dieses kann
geschehen, indem wir zurückgehen. Die so
mannigfaltigen und so kostbaren Vortheile,
welche die bürgerliche Vereinigung jedem
ihrer Glieder gewähret, erfordern sehr viele
Mühe, Arbeiten und Unkosten, welche der
Staat nur von seinen Bürgern erwerben
kann. Nichts ist billiger, als daß jeder der-

selben nach Maaßgabe seiner Kräfte und sei=
ner Umstände an die Anstalten beytrage, wel=
che nöthig sind um die Sicherheit, den Wohl=
stand und die Würde des Staates zu be=
haupten. (*)   Eine vernünftige Staatskunst

(*)   Einige neuere französische Schriftsteller leh=
ren,   daß die ursprüngliche und wesentliche
Ordnung der bürgerlichen Gesellschaften die
Auflagen auf eine Weise bestimme, daß es ei=
ne Verletzung der unveränderlichen Rechte der
Natur sey, davon abzugehen.   S. das Werk=
gen: De l'origine & des progrés d'une science
nouvelle.   Es ist kein Zweifel, daß nicht nach
den unveränderlichen Gesetzen der Natur eine
Einrichtung des Finanzwesens und der Staats=
wirthschaft die vorträglichste,   und eine Re=
gierungsform die beste sey: – Aber ob in allen
Zuständen der bürgerlichen Gesellschaften, wel=
che nur langsam von der äussersten Verwir=
rung und von der höchsten Unvollkommenheit
zur Ordnung und zur Vollkommenheit fort=
schreiten, die gleichen Auflagen, die gleichen
Gesetze und die gleiche Regierungsform gut
seyn können, das ist eine andre Frage. – Oh=
ne zu untersuchen, ob das von diesen Schrift=

schreibet allervorderst bey diesem wichtigen Geschäfte sich das Gesetz vor, die Bedürf=

stellern der höchsten Gewalt zugeschriebene Mit-eigenthum aller Ländereyen ein eigentliches Gesetz der Natur sey, finden wir zwar, daß ihre Vorschläge über die Einrichtung der Auflagen die Frucht der tiefesten Weisheit, und die vorträglichste und gerechteste Weise zu seyn scheine, nach welcher dieser wichtige Theil der öffentlichen Verwaltung in einem wohlgeordneten und sich selbst zureichenden Staate behandelt werden muß. Da aber sehr wenige Staaten sich selbst zureichend sind, da keiner einen sehr beträchtlichen Grad der Vollkommenheit erreichet hat, und da alle neuen Vorschläge dieser Art die schärfeste Prüfung erheischen, so wird nur nach einer genauen Vergleichung dieses Systems mit den Umständen eines Staates entschieden werden können, ob dasselbe darinn statt habe oder nicht. Auf dieselbige Weise verhält es sich ohne Zweifel auch mit der andern Lehre dieser neuen Wissenschaft, nach welcher der Despotismus oder die unumschränkte Monarchie die einzige gute und der ewigen Ordnung der Natur gemässe Regierungsform ist. Dieser

niſſe des gemeinen Weſens ſo eng einzuſchrän-
ken, als es immer möglich iſt, und die Auf-

Satz würde vortrefflich, würde, wie die ökono-
miſchen Berechnungen dieſer verehrungswürdigen Schriftſteller, unſtreitig wahr ſeyn,
wenn die Menſchen und ihre Vorſteher unveränderlich den ſittlichen Geſetzen der Ordnung und der Wohlthätigkeit folgeten, wie
die Bienen denſelben ihres Naturtriebes. Da
wir aber noch ſo viele ſchwache und unerleuch-
tete Beherrſcher, ſo viele eigennützige und un-
wiſſende Miniſter, und ſo viele laſterhafte
Menſchen finden, ſo erachten wir es noch zu
gefährlich die Dämme niederzureiſſen, welche
uns wider den Mißbrauch des Anſehens verwahren. Wir verehren übrigens die erhabenen und menſchenfreundlichen Abſichten der
Urheber dieſer neuen Wiſſenſchaft, und ihres
redlichen und ſchätzbaren Geſchichtſchreibers,
obwohl wir in der enthuſiaſtiſchen Ankündi-
gung derſelben manche Wahrheit als eine neue
Entdeckung angeprieſen gefunden haben, welche ſeit undenklichen Zeiten den engliſchen und
den deutſchen Weltweiſen bekannt geweſen
iſt. Es iſt ſonderbar, wie die Mißkenntniß der gelehrten Geſchichte die beſten fran-
zöſiſchen Schriftſteller oft verleitet, Sa-

lagen niemals höher zu treiben, als es diese
Bedürfnisse erheischen. Sie richtet sodann

chen für neu auszugeben, die in andern Ländern jedermann schon lange gewußt hat. So
neu ist eben auch alles was in dem Contract
social des Hrn. Rousseau gutes und richtiges
enthalten ist, und so drücket auch ein andrer
sehr schätzbarer französischer Schriftsteller sich
auf eine Weise aus, als ob Bourlama-
qui, dem freylich grosse Verdienste nicht ab-
gesprochen werden können, die Wissenschaft
des Rechtes der Natur erschaffen hätte. Dieses soll desto sonderbarer scheinen, da der Canz-
ler Daguesseau, ein allen Freunden der
Wahrheit und der Tugend ewig verehrungswürdiger Name, eben so gut oder besser über
diese Wissenschaft geschrieben hat als Bour-
lamaqui; da Bodin über die Politick
schon vor bald zweyhundert Jahren größtentheils
bessere Sachen gesammelt hat, als die meisten
neuern Schriftsteller erfunden zu haben vorgeben; und da zum mindesten des Hrn. Wattels
Völkerrecht unter der erleuchtetsten Nation
nicht mehr unbekannt seyn sollte, wenn derselben auch Wolf und dessen ganzen Schule un-

ihr Augenmerk dahin , daß keiner Claſſe der
Bürger, und keinem einzelnen Gliede einer
ſolchen mehr abgefordert werde, als die Sicherheit und die Vortheile werth ſind, welche ihnen der Staat gewähret; daß ieder
Stand und iede Lebensart nach Maaßgabe
ihrer Gemeinnützigkeit begünſtiget; daß inſonderheit derjenige der das Feld bauet, als
der nützlichſte von allen, am gelindeſten angeſehen; daß die Freyheit der Gewerbſamkeit
ſo wenig als dieſelbe des Bürgers verletzet,
und daß, ſo wie in der geſetzlichen Beſtimmung der Abgaben, alſo auch in der Ein-
ſammlung derſelben, die Regeln der genaue-
ſten Gerechtigkeit und der vollkommenſten

bekannt iſt, die wir ſowohl für die Anhänglichkeit
an ihrem Lehrer, als für die Vortrefflichkeit der
Lehre, gar wohl mit den Apoſteln der n e u e n
W i ſ ſ e n ſ ch a f t vergleichen dürfen. Der
Grundſatz der V o l l k o m m e n h e i t iſt übrigens eben ſo fruchtbar und ſo leuchtend als
der von der w e ſ e n t l i ch e n und n a t ü r-
l i ch e n Ordnung; oder vielmehr, er iſt
eben derſelbe unter einer andern Benennung.

Billigkeit beobachtet, und insonderheit alle
unnöthigen Unkösten verhütet werden.

Hier haben Sie, schätzbarste und wür=
digste Freunde, den Schattenriß den Sie
von einer Kunst verlanget haben, die von
dem allergrösten Umfange ist. Sie müssen
eben wegen diesem ungeheuern Umfange mir
es zu gute halten, wenn ich dunkel, trocken
und langweilig gewesen bin, und wenn ich
aus Begierde kurz zu seyn etwas wesentli=
ches vergessen habe.

Philokles nahm hierauf das Wort und
sagte: Sie brauchen keine Entschuldigungen
zu machen, schätzbarer Aristus. Wir haben
Ihnen mit Vergnügen zugehöret, und selbst
Eukrates hat nie die geringste Lust bezeuget
Sie zu unterbrechen. Ich würde auch dazu,
erwiederte dieser, in meiner Denkungsart
keinen Grund gefunden haben. Wenn der
Mensch einmal das Unglück gehabt hat sich
Ketten zu schmieden, so ist nichts vernünfti=
ger, als daß er trachte dieselben so erträglich
oder so wenig unerträglich zu machen, als
es ihm möglich ist.

(I. Theil.)   L

Schinznach,
sechste Unterredung.

Reise nach Lenzburg. Gesetzgebung. Richterliche Gewalt. Regierung.

Sie haben Recht, mein theuerſter Theokles, ich rechne die Tage die ich hier zubrin-
ge unter die ſchönſten meines Lebens. Der
geſtrige war ſelbſt unter dieſen einer der an-
genehmſten. Wir macheten an demſelben
eine kleine Reiſe nach Lenzburg, und wir
machten ſie zu Fuſſe. Es war einer der lieb-
lichſten Morgen. Wir waren in dem reitzenden Haine, dem Zeugen Ihres patrioti-
ſchen Enthuſiaſmus, verſammelt; und wir
wollten wieder den frohen Hügel beſteigen,
welchen wir zu dem Heiligthume unſerer Philoſophie auserſehen hatten. Urſnus , durch
die Schönheit des den anmuthigſten Tag
verſprechenden Morgens bewogen, ſchlug dieſe Reiſe vor. Wir gaben ihm alſobald Beyfall, und Philokles ſagte: Wir reiſen mit

Ihnen wohin Sie wollen, werthester Ari=
ſtus ; aber wir wollen deßwegen von unſerm
Unterrichte nichts verliehren. Sie haben uns
geſtern die allgemeinen Grundſäße der Staats=
klugheit in einem kurzen und bündigen Vor=
trage entwickelt. Allein es iſt uns dieſes
nicht genug, dieſelben nur überhaupt zu ken=
nen. Es iſt uns, und inſonderheit dieſen
hoffnungsvollen Jünglingen unendlich viel
daran gelegen zu wiſſen, wie die für das
allgemeine Beſte wachende Weisheit ihre Sor=
gen vertheile ; durch was für Triebräder ſie
ihre groſſen Abſichten bewirke, und durch
was für Anſtalten ſie den Unordnungen und
den Zerrüttungen zuvorkomme, welche in
einer ſo groſſen Maſchine, wie der Staat
iſt, ſo leicht entſtehen können. Dieſes bitten
wir Sie uns zu erklären, und dieſes kann
auf der Straſſe die nach Lenzburg führet
eben ſo wohl geſchehen, als auf jenem an=
muthsvollen Hügel.

Sie legen mir immer eine ſchwerere Laſt
auf, mein ſchäßbarer Freund, antwortete
Ariſtus. Allein ich kann Ihnen nichts ver=

sagen; nur müssen Sie mir auf einmal nicht
zu viel aufbürden.   Sie erlauben mir also
dermalen nur die erstere Ihrer Forderungen
abzutragen.   Die Triebräder der politischen
Maschine sollen uns ein andermal beschäftigen, und die Vertheilung des Ansehens und
der Pflichten erfordert auch eine besondere
Verhandlung.

Wir gehen dieses gar gerne ein, antwortete Philokles. Wir erwarten einen desto leuchtendern Unterricht, je mehr Sie für
denselben Zeit fordern. Wir wollen uns auf
den Weg begeben; er wird uns gewiß sehr
kurz scheinen, indem wir Ihnen zuhören
werden.

Die **Gesetzgebung**, sagte hierauf Arti-
stus, welche mit einer tiefen Weisheit die
Rechte jedes Bürgers und jedes Standes bestimmet; das richterliche Amt welches mit
einer erleuchteten Gerechtigkeitsliebe jeden bey
demjenigen schützet was die geheiligten Vorschriften der Gesetze ihm zueignen; und die
Regierung, welche mit einer wohlthätigen
Klugheit die abändernden Bedürfnisse des

Staates besorget, und die Kräfte desselben
zur Beförderung seiner Vollkommenheit und
zur Erhaltung seiner Ruhe wirksam machet:
Dieses sind die drey Grundsäulen der allgemeinen Wohlfahrt.

Wir wollen zuerst von der Gesetzgebung
reden.

Die von der Natur mit der Ausübung
jeder guten Handlung verknüpften seligen
Gefühle; die aus der Verletzung jeder Pflicht
früh oder späth fliessenden natürlichen Uebel;
die das Bewußtseyn jeder Vollkommenheit
begleitende Beruhigung, und die von der
Empfindung jedes Mangels unabsönderliche
Unruhe, verbinden schon den Menschen durch
die dringendsten Beweggründe zu der Beobachtung der ewigen Gesetze des anbetungswürdigen Urhebers aller Dinge.   Gleich
mächtige oder vielmehr die nemlichen Gründe, verpflichten den Bürger zu allem demjenigen, wodurch die Glückseligkeit und die
Vollkommenheit des Staates befördert werden können.   Allein, die meisten Menschen
mißkennen die erhabenen Vortheile, welche

aus der Erfüllung der grossen Bestimmung
fliessen, zu deren sowohl die Menschheit als
der Staat sie auffordern; und sie würden
bald in die äusserste Wildheit und in die
elendeste Zerrüttung verfallen, wenn nicht
die gesetzgebende Weisheit ihnen die Verbind=
lichkeiten kund machete, in welchen der Mensch
gegen den Menschen, der Bürger gegen den
Staat, der Staat gegen den Bürger, und
ein Bürger gegen den andern stehen; und
wenn sie nicht besorget wäre, diese Verord=
nungen durch die angemessensten Strafen
und Belohnungen zu stärken und zu beleben.
Ohne Gesetze würden, ihrer Würde und ih=
rer Pflichten uneingedenk, der Mensch den
Menschen gleich den wilden Thieren auffres=
sen, der Beherrscher den Bürger als einen
Sklaven unterdrücken, und der Bürger den
Beherrscher wie einen Tyrannen hassen. Oh=
ne Gesetze würden weder Ordnung, noch
Freyheit, noch Sicherheit statt haben, und
der Staat nichts anders als eine Höhle des
Polyphemus seyn.

Die Gesetze sind also die wesentlichsten

Werkzeuge des allgemeinen und des besondern Wohlstandes. Sie sind eigentlich die wahren Oberherren, die wahren Beherrscher des Staates. Sie sind es von dem Fürsten wie von dem Volke. Die Vorsteher der Völker haben keinen andern Vorzug vor ihren Untergebenen, als daß sie höhere Diener einer gemeinsamen und unpartheyischen Herrschaft sind. Der mächtigste Monarch ist nur alsdann grösser und glücklicher als der letzte seiner Unterthanen, wenn er weisen und wohlthätigen Gesetzen besser gehorchet. Wer also immer gegen sich selbst und gegen seine Mitbürger eine wahre und erleuchtete Liebe heget, wird seinem Vaterlande die vollkommensten Gesetze wünschen, deren dasselbe fähig ist. (*) Er wird wünschen in einem Staate zu leben, dessen Ge=

(*) Indessen kann man nicht ohne Grund sagen, daß viele Völker Gesetze annehmen, wie die kalmuckischen Tartaren ihre Götter. Sie nehmen zu solchen alte Fetzen und andern schlechten Zeug; und sobald ihnen solche nicht mehr gefallen, so schmeissen sie die wieder weg.

setzgeber gewußt hätte, nach den ewigen und
unveränderlichen Gesetzen der Weisheit, die
mannigfaltigen Triebräder des gemeinen We=
sens, durch die wirksamsten Mittel so zu ord=
nen, daß durch derselben glückliche Uebercin=
stimmung die gröste mögliche Vollkommen=
heit des Ganzen, und der gröste mögliche
Wohlstand jedes Theiles, am gewissesten und
am leichtesten erhalten werden können.

Ich habe in demjenigen, was ich Ih=
nen, schätzbarste Freunde, über die Staats=
klugheit vorgetragen, getrachtet, die all=
gemeinen sowohl als die besondern Grund=
sätze zu entwickeln, welche zur Erreichung
dieser grossen Absicht befolget werden müssen.
Es bleibt mir deßhalben, um Ihrem Begeh=
ren zu entsprechen, dießmalen nichts anders
übrig, als auf die Regeln bedacht zu seyn, nach
welchen die Gesetze am nachdrücklichsten be=
vestiget, und am besten abgefasset werden
können.

Güte durch Weisheit geleitet, machet
das Wesen der **Gerechtigkeit** aus. Wie die
Menschlichkeit dem Gesetzgeber nicht erlaubet,

dem Bürger etwas vorzuſchreiben, wodurch
er minder glücklich werden könnte, als er in
dem Stande der natürlichen Unabhängigkeit
geweſen ſeyn würde; ſo verbeut ſie ihm auch
ſeine gerechten Forderungen durch Drohun=
gen zu unterſtützen, derer Vollziehung die
natürlichen Rechte des Beleidigers verletzen,
und die Befügniſſe des Beleidigten überſchrei=
ten würde. Diejenige Vertheidigung, wel=
che das Geſetz der Natur jedem einzelnen
Menſchen gegen dem andern unterſaget, iſt
auch dem Staate gegen den Bürger verbo=
ten. Kein vernünftiger und gerechter Menſch
wird ſich befüget glauben, von einem Men=
ſchen der ihn beleidiget hat mehr zu for=
dern, als den Erſatz des Schadens den ihm
ſolcher verurſachet hatte, und Sicherheit
vor dem Uebel ſo er ihm ferner zufügen
könnte. Sollte denn in dem Staate die
ſtrafende Gerechtigkeit begwaltiget ſeyn, wei=
ter zu gehen? Der Staat ſelbſt, als eine Per=
ſon betrachtet, kann gegen den Bürger ſich
nicht gröſſerer Rechte anmaſſen, als die Na=
tur einem Menſchen gegen einen andern er=

theilet; und sobald eine Absicht durch ein ge=
linderes Mittel erreichet werden kann, so=
bald wird die Anwendung eines schärfern zur
Ungerechtigkeit. Erlauben Sie mir hier bey=
läufig die Anmerkung zu machen, daß in ei=
ner Zeit und in einem Lande für ein Ver=
brechen eine Strafe vollkommen gerecht seyn
kann, welche zu einer andern Zeit und in
einem andern Lande höchst ungerecht seyn
würde. Wie näher ein Volk der Barbarey
ist, wie roher und wie unbändiger die Bür=
ger eines Staates sind, desto härtere Stra=
fen werden da erfordert. Es verhält sich
hingegen ganz anders in erleuchteten Zeiten
und bey gesitteten Völkern. Da kann eine
weise Policey den Verbrechen viel wirksamer
vorbiegen. Da kann die Gerechtigkeit, durch
die gelindesten Strafen sehr leicht Absichten
erreichen, welche man in Zeiten der Unwissen=
heit und der Unordnung durch die abscheu=
lichsten kaum bewirket haben würde.

So weise als menschlich ist sodann die
Gesetzgebung besorget, von den Kräften, de=
rer Austheilung der Staat ihr anvertrauet

hat, immer den grösten und den ansehnlich=
sten Theil den vornehmsten und den wichtig=
sten Absichten zu wiedmen. Sie spendet deß=
halben mit einer wohlüberlegten Haushal=
tung Strafe und Belohnung durch den gan=
zen Umfang der bürgerlichen Pflichten also
aus, daß immer grössere und mächtigere
Beweggründe diejenigen verstärken, welche
einen grössern und ausgedehntern Einfluß in
die allgemeine Glückseligkeit haben. Sie sie=
het insonderheit darauf, daß sie die Gründe
ein Uebel zu unterlassen stärker und leuch=
tender mache, als es diejenigen sind, welche
zu Begehung desselben anreizen; und dieje=
nigen eine gute Handlung auszuüben grösser
als die sind, welche den Bürger bewe=
gen können solche zu verabsäumen. Sie
behält die erhabnern und edlern Belohnun=
gen für die höhern und wichtigern Verdien=
ste, und die schärfern Strafen für die grös=
sern und schwerern Verbrechen. Sie ma=
chet die einen wie die andern so selten als
es immer möglich ist, damit nicht die Ge=
wohnheit die Stärke ihrer Eindrücke vermin=

dere, (*) und ſie gebrauchet vorzüglich ſol=
che Strafen und ſolche Belohnungen, wel=
che der Gemüthsart, den Vorurtheilen, den
Bedürfniſſen und den Fähigkeiten jedes Vol=
kes am angemeſſenſten ſind. Selbſt die Män=
gel und die Fehler die ſie nicht vertilgen
kann, trachtet ſie ſo viel immer möglich
zu nützen, und mit ihren wohlthätigen
Abſichten in Uebereinſtimmung zu bringen.
So erreichet ſie oft durch ein gelinderes Mit=
tel einen Endzweck für den ein ſchärferes
vergeblich geweſen wäre; und ſo gelanget ſie
deſto leichter zu dem gröſten Geheimniſſe der
Staatskunſt, welches darinn beſtehet, die
Geſetze lieben zu machen.

Von den erhabenſten Abſichten, und von
dem lebhafteſten Wohlwollen beſeelet, ver=
ſäumet der weiſe Geſetzgeber nichts, was ſei=
nen Verordnungen Stärke und Wirkſamkeit

(*) Solon rempublicam duabus rebus conti-
neri dixit, praemio & poena. Eſt ſcilicet
utriusque rei modus ſicut reliquarum & quæ-
dam in utroque genere mediocritas. CICERO
Epiſt. IV. ad Brutum.

zu geben vermag. Er trachtet den beson=
dern Vortheil jedes Bürgers so sehr und so
merklich mit den Absichten und mit den Mit=
teln seiner Verordnungen zu vereinigen als
es immer möglich ist, damit jeder für die
Erhaltung der Geseße zittre, auf welche sich
seine Wohlfahrt, so wie die von dem Vater=
lande, gründet. Er bestrebet sich alles in dem
Ganzen weislich so zu ordnen, daß kein Glied
des Staates sey, auf welches nicht der Se=
gen der beobachteten Geseße sich ergieße;
und er glaubet nicht daß es unter seiner
Würde sey, von seinen Absichten Rechnung
zu geben, und die Bürger von der Vortreff=
lichkeit seiner Saßungen und von den glück=
lichen Folgen zu unterrichten, welche aus
der Beobachtung derselben fliessen sollen. Er
umfasset mit Vergnügen iedes Mittel, die
Liebe zu den Gesetzen, zu dem wahren Gu=
ten, zu dem Vaterlande, zu der Verfassung
und zu der Regierung zu entflammen, und
die Menschenfreundschaft und die bürgerliche
Liebe, die einzigen guten Triebfedern aller
Verfassungen, zu beleben.

So wie die wohlüberlegte Güte der Absichten, und die wohlgeordnete Wirksamkeit der Mittel, so sind auch die Deutlichkeit, die Würde und die Stärke des Ausdruckes sehr wichtige Vollkommenheiten der Gesetzgebung. Die Gesetze sind nichts anders als Sätze, welche die Verbindlichkeiten ausdrücken, in denen die verschiedenen Glieder des Staates gegen einander und gegen das gemeine Wesen stehen. Sie sind die Stimme des Vaterlandes, welches mit seinen Kindern redet. Diese muß nothwendig, so wohl für diejenigen an welche sie gerichtet ist verständlich, als auch der Hoheit dessen so da redet, und der Würde der Gegenstände angemessen seyn von welchen geredet wird. Es müssen darinn durchgehends eine edle Einfalt, ein ernstlicher Nachdruck, und vorzüglich das helleste Licht herrschen. Die Rede des Gesetzes soll immer majestätisch und ernsthaft, sie soll bestimmt, deutlich und leicht zu verstehen, (*) sie soll niemals höher und

(*) Baco de Verulamio de augm. & dignit. scient. L. VIII. cap. 3. tit. 1.

niemals niedriger seyn als ihr Gegenstand. Sie soll insonderheit die allgemeine Liebe ausdrücken, mit welcher der Gesetzgeber jeden Theil des Staates umfasset, und auf alle ersinnliche Weise die Bürger überzeugen, daß dessen einzige Sorge ist, sie alle und jede glücklich und vergnügt zu machen.

So wichtig es aber ist, daß die erleuchtetste Weisheit und das feurigste Wohlwollen der Abfassung der Gesetze vorstehen; so ist es solches nicht weniger, daß die gleichen grossen Triebfedern die Handhabung derselben beseelen. Das Land, wo die Gesetze weniger vermögen als die Menschen (*) ist noch tief in der Barbarey versenket. Glückselig ist hingegen das Volk, wo verehrungswürdige Obrigkeiten mit grossem und tugendhaftem Muthe in die Absichten einer weisen Gesetzgebung eintreten, und den Verordnun=

(*) Jo stimero sempre poco vivere in una cittá, ove possono meno le leggi que gli uomini, sagt Rinaldo delli Albizzi beym Machiavell, zu Ende des 4ten Buches der florentinischen Geschichte.

gen derſelben Leben und Wirkſamkeit erthei=
len. Gleich dem Geſetzgeber ſind ſolche Rich=
ter und Obrigkeiten koſtbare Werkzeuge der
öffentlichen Glückſeligkeit. Gleich ihm ſind
ſie für die Ehre und die Reinigkeit der Re=
ligion und der Sitten beſorget. Gleich ihm
ſuchen ſie in den Herzen der Bürger die
Liebe und die Verehrung der Geſetze zu ent=
flammen, und die Triebräder der Tugend
und des öffentlichen Geiſtes wirkſam zu er=
halten. Sie empfinden gar zu wohl, wie
weſentlich es für die allgemeine Wohlfahrt
iſt, daß keine gute und keine ſchlimme Hand=
lung den Lohn miſſe, den die Geſetze jeder
zuſagen, oder daß Ehre und Anſehn mit
partheyiſchen Händen ausgetheilet, und der
Tugend, deren ſie allein gebühren, entzogen
werden. Sie ſehen weislich ein, daß ſonſt
die Geſetzgebung ihre Gewißheit, (*) den
veſteſten Grund ihrer Stärke, verliehren wür=
de. Ihre der Gerechtigkeit geheiligten Herzen

(*) Plutarch im Numa. S. 380. 382. Ma-
chiavel diſcours polit. L. I. ch. 22. 23. L. III.
ch. 29.

verabſcheuen jede Regierung, welche ſie von
den ewigen Geſetzen derſelben abwendig machen könnte.   Sie bewaffnen ſich wider die
Gefahren, welche ſie auf dem Richterſtuhle
umgeben, mit der reineſten Uneigennützig-
keit und mit dem unerſchrockenſten Muthe.
An Gottes Statt Vertheidiger der Unſchuld,
Rächer des Laſters, Belohner der Tugend,
Väter der Waiſen und Beſchützer der Wittwen zu ſeyn, ſind in ihren Augen Pflichten,
welche nur von niedrigen und unwürdigen
Seelen verſäumet werden können.   Die Ehre des Bürgers, die Güter und die Ruhe
deſſelben ſind Heiligthümer, denen ſie die
zärtlichſte Sorgfalt und die tiefeſte Ehrfurcht
gewiedmet haben.   Sie verwahren ſich deßhalben mit der unermüdetſten Wachſamkeit
wider alle Vorurtheile, welche ihre Gewiſſen
überraſchen, und wider alle Leidenſchaften,
welche ihre Herzen verführen könnten.   Die
Macht, das Anſehen, und ſelbſt die Ver-
dienſte des Groſſen, vermögen nichts bey
ihnen gegen die Rechte des Niedrigen; noch

(I. Theil.)   M

die Zärtlichkeit, welche sie mit dem geliebte=
sten Freunde vereiniget, gegen die gute Sa=
che des abgesagtesten Widersächers.

Es geschiehet indessen nur allzu oft, daß
in einem Staate die Gesetze von denen, wel=
che dem gemeinen Wesen vorstehen, aus den
Augen gesetzet, daß dieselben durch die Aen=
derung der Sitten unnütz und unwirksam
gemachet; daß sie durch die Abwechslung
der Sprachen dunkel und unverständlich wer=
den. Es ergeben sich in dem Laufe der Zei=
ten sehr viele Fälle, welche zeigen, daß die=
selben unvollständig und unzureichend sind.
Es sind deßhalben in jedem Staate Perso=
nen nöthig, denen es obliegt, auf jeden Miß=
brauch, auf jede Entkräftung, und auf je=
den Mangel der Gesetze zu wachen, und da=
rüber entweder bey der Regierung oder bey
der gesetzgebenden Gewalt die erforderli=
chen Vorstellungen zu thun, damit jedem
neuen Uebel oder jedem alten Gebrechen die
nachdrücklichsten Maaßregeln entgegengesetzet
werden. Auch dieser Theil der Sorge für
die öffentliche Wohlfahrt erheischet eine Stand=

haftigkeit und Einſichten, welche nur bey
edeln und wohlangebaueten Gemüthern gefunden werden können.

Es ſind alſo die Abfaſſung, die Vollziehung und die Verwahrung der Geſetze groſſe
und ſchwere Werke; Werke, zu deren Ausführung nur die gröſten und die erleuchtet-
ſten Geiſter aufgelegt ſind. Indeſſen ſcheinen
die meiſten Völker dieſe ſo wichtige Wahrheit wenig beherziget zu haben. Die einen
vertrauten alle Theile dieſer Obliegenheit der
Willkuhr einer oft unwiſſenden, oft verblendeten, und immer in ihren Grundſätzen wie
in ihren Leidenſchaften abwechſelnden Regierung; und andre überlieſſen dieſelben dem
Eigenſinne eines noch öfter unwiſſenden, noch
öfter verblendeten, und immer wankelbaren
Volkes. Die Republicaner, welche ſich immer ſchmeicheln, von dem lebhafteſten Eifer für die Geſetze beſeelet zu ſeyn, ſind zu
allen Zeiten diejenigen geweſen, welche am
unbehutſamſten damit umgegangen ſind. Wir
dürfen nur unſre Augen auf diejenigen Frey-
ſtaaten des Alterthumes werfen, welche am

meisten die Bewunderung aller Zeitalter und aller Völker auf sich gezogen haben. Wenn sie auch beständig genug gewesen waren, sich durch weise und tugendhafte Männer Gesetze vorschreiben zu lassen, so vertraueten sie doch insgemein die Vollziehung, die Verwahrung und die Verbesserung derselben, theils der Menge selbst, theils unruhigen Verführern und ehrgeizigen Sklaven derselben. Allmählich wurden durch diesen Unverstand selbst die kostbarsten Werke der Weisheit zernichtet. Allmählich wurden die Gesetze nichts als Denkmale der Blindheit und der Leidenschaften. Allmählich zerstöhreten schmeichlerische Demagogen und rasende Tribunen die vortrefflichsten Anstalten der weisesten Menschen. Allmählich entkräfteten ungereimte und ungerechte Satzungen die ewigen Rechte der Vernunft und die heiligen Gefühle der Menschlichkeit. Viele der neuern Staaten, und insonderheit derjenigen, welche sich auf ihre Freyheit brüsten, sind, wenn sie noch Gesetze haben, welche diesen Namen verdienen, in der Wahl derjenigen,

denen sie die Verwahrung derselben anver=
trauen, eben so unvorsichtig. Möchten doch
die Völker bedenken, daß in den Händen ei=
ner unwissenden und rohen Menge, oder ei=
ner kleinen Anzahl von Männern die nicht
sehr wohl auserlesen sind, die nicht ihr gan=
zes Leben der Weisheit und der Tugend wei=
hen, dieses kostbare Gut eben so übel ver=
wahret ist, als in der uneingeschränkten Will=
kuhr eines Einzelherrn. Tyranney für Ty=
rannen, die von tausenden ist immer wenig=
stens eben so abscheulich als die von einem
einzigen. Nur der Weisheit stehet es zu
Gesetze abzufassen, und nur die Tugend ist
fähig solche zu handhaben.

Wie die Gesetzgebung jedem Gliede des
gemeinen Wesens die allgemeinen Pflichten
bestimmet, welche sie in allen Fällen gleich=
förmig zu beobachten haben, so hat die Re=
gierung die sich immer abändernden Anlie=
genheiten desselben zu besorgen. Die eine
verehret wie die andere die Grundsätze der
Weisheit und die Gefühle der Menschlich=
keit als ihre unverletzliche Richtschnuren. Die

eine wie die andere fordert die ausgebreitet=
sten Einsichten, und die edelste Denkungs=
art; fordert jede erhabene Eigenschaft von
demjenigen, der, von der Vorsehung zu einer
so grossen Bestimmung ausersehen, dieselbe
würdiglich erfüllen will. Die Erforschung
des Wahren muß für seinen Verstand, und
die Ausübung des Guten für sein Herz, das
reizvolleste Vergnügen seyn. Er muß die tiefeste
Kenntniß des menschlichen Herzens, und die
vollkommenste Wissenschaft alles dessen was
die allgemeine Glückseligkeit befördern kann,
mit der reinesten Menschenliebe und mit dem
ausgebreitetsten Wohlwollen vereinigen.

Von diesen wohlthätigen Triebfedern be=
seelet, übersiehet der tugendhafte Beherrscher
das ungeheure Gebäude des Staates mit ei=
nem väterlichen Blicke. Kein Vorzug und
kein Mangel desselben entgehen seinem auf=
merksamen Auge. Mit einer unverdrossenen
Wachsamkeit spähet er jeden Anlaß aus, ei=
ne nützliche Anstalt zu unterstützen, eine Ver=
derbniß zu bekämpfen, eine gemeinnützige
That zu belohnen, eine verderbliche Unter=

nehmung zu verhüten. Mit einer durch-
dringenden Scharfsichtigkeit erforschet er die
Quelle jedes Uebels. Mit einer unermüdeten Sorgfalt ist er auf jedes Mittel bedacht,
solche zu verstopfen oder doch zu schwächen.
Mit einer tiefen Weisheit trachtet er den Neigungen und der Denkungsart seiner Bürger
die wohlthätigste Richtung zu geben, und
dieselben den anbetungswürdigen Absichten
des allgemeinen Vaters und Beherrschers un-
terzuordnen, der ihn an seiner Stelle zum
Vater und zum Beherrscher eines Volkes gesetzet hat. Er erwieget jeden seiner Ent-
schlüsse nach allen seinen möglichen Einflüssen
in die öffentliche Glückseligkeit, und er findet in jedem seiner wichtigen Verhältnisse einen desto mächtigern Grund zu einem wohlüberlegten Gebrauche desselben, je mehr ein
solches ihn der Gefahr aussetzet, die Vorzüge die es ihm ertheilet zu seinem und zu
andrer Unglücke zu mißbrauchen.

Da er keinen Schritt thut, da er kein
Wort redet, da er keinen Gedanken denket,
die nicht in die Sitten und in den Wohlstand

seines Volkes einen beträchtlichen Einfluß
haben können; da jede seiner Tugenden und
jeder seiner Fehler über diejenigen die ihn
umgeben, und durch diese über das ganze
Volk eine mehr als zauberische Macht haben; da jeder seiner Winke ein Gesetz, und
jede seiner Thaten ein Triebrad unzählicher guter oder schlimmer Handlungen werden können; da von seiner Weisheit und
von seiner Tugend oft die Tugend und immer die Ruhe unzählicher Menschen abhängen; so siehet er sich in der glücklichsten Bedürfniß weise und tugendhaft zu seyn;
so empfindet er auf das lebhafteste, daß
wenn es auch unter den Handlungen der
Menschen gleichgültige geben könnte, doch
gewiß die seinigen davon ausgenommen seyn
würden.

Wenn aber seine Weisheit, sein Eifer
und seine Arbeitsamkeit alle menschliche Fä-
higkeit überträfen, so würde er doch immer
zu schwach seyn, die ungeheure Last, die auf
seinen Schultern lieget, allein zu ertragen.
Es ist deßhalben eine seiner wesentlichsten

Pflichten, sich weise und tugendhafte Räthe und Staatsbediente auszuwählen. Ohne den Beystand solcher kostbarer Werkzeuge wird es ihm nie möglich seyn, die Glückseligkeit seines Volkes nur auf einen sehr mittelmäßigen Grad zu bringen.

Freylich sind solche Männer in allen Ländern, und insonderheit unter der Anzahl derjenigen sehr selten, welche die Höfe belagern, um allda Ehrenstellen, Sterne und Besoldungen zu erbetteln. Allein ein Fürst wird immer solche finden, wenn es ihm Ernst ist, und er hat mehr als genug Mittel in Händen, wenn sein Land an solchen Mangel hat, dergleichen von außenher darein zu berufen, oder durch weise Anstalten in demselbigen zu erziehen. Sein Beyspiel und sein Beyfall haben eine schöpferische Macht, die Gemüther der Menschen zu bilden. Er würde bald nur Tugendhafte um sich sehen, wenn er muthig genug wäre, nur Tugend und Weisheit mit seiner Freundschaft und mit seiner Hochachtung zu beehren.

Die Pflichten dieser Räthe und Diener

der Fürsten sind nicht weniger erhaben und
groß als die von ihren Herren. Gleich diesen sind sie verbunden, mit allen ihren Kräften der Verderbniß entgegen zu arbeiten,
und das Reich der Wahrheit und der Tugend zu erweitern. Obgleich sie Diener der
Monarchen der Erde sind, so sollen sie doch
niemals vergessen, daß, durch noch erhabnere
Verhältnisse dem allerhöchsten Beherrscher
zugethan, sie von dem Gebrauche, den sie
von ihrem Ansehen machen, demselben die
genaueste Rechnung schuldig sind. Je mehr
ihre Würden sie über andre Menschen erheben, desto grössern Gefahren sind sie auch
ausgesetzet; desto mehr sind sie verbunden
der Weisheit, der Tugend und der Standhaftigkeit nachzustreben. Nach einem weisen
und tugendhaften Fürsten kann kein des Adels
der menschlichen Natur würdigerer Charakter gedacht werden, als der von einem redlichen und erleuchteten Staatsbedienten, welcher mit grossem Muthe in die Fußstapfen
eines solchen Herrn tritt. Ich betriege mich:
Noch über den tugendhaften Monarchen ist

der verehrungswürdige Sterbliche erhoben,
der unter einem schlimmen Fürsten gut seyn,
der unter einem Tyrannen die Wahrheit vor
den Thron bringen, die verfolgte Unschuld
vertheidigen, die gekränkte Freyheit verfech-
ten, sich ungerechten Aufträgen entziehen,
und die Verderbniß des Hofes, der Grossen
und des Volkes mißbilligen; der unter dem
Gedränge von schlimmen und feigen Seelen
die ihn umringen gut seyn, und unter einer
Menge von Verächtern und von Feinden
der Tugend sich als einen Bekenner derselben erklären darf.

Diejenigen, welche in Freystaaten das
Volk zu seinen Vätern aussersiehet, denen
es sein Heil und seine Glückseligkeit anvertrauet, stehen in denselbigen Verbindlichkeiten wie die Fürsten und ihre Bedienten. Sie
haben noch mit grössern Schwierigkeiten zu
ringen. Sie sind noch grössern Gefahren
ausgesetzet. Sie haben noch ein stärkeres
Maaß von Weisheit und von Standhaftigkeit nöthig.

In den republicanischen Verfassungen sind

insgemein alle guten Unternehmungen unend=
lich schwerer, und alle Uebel unendlich schäd=
licher und hartnäckigter, als da wo die en=
ger vereinigte und daher wirksamere Macht
eines Einzigen mit mehr Nachdrucke und mit
mehr Einförmigkeit handeln kann. In ei=
ner Monarchie ist die Einführung jeder nütz=
lichen Anstalt und die Abschaffung jedes Miß=
brauches viel leichter als in einem Freystaa=
te, wo die Mehrheit fast nothwendig aus
hirnlosen und eigennützigen Köpfen bestehen
muß, und wo nicht selten die Ursachen und
die Gründe der öffentlichen Uebel in Vorur=
theilen und in Gewohnheiten verborgen lie=
gen, welche Einfalt und Unverstand für Hei=
ligthümer und für Schutzwehren des öffent=
lichen Wohlstandes ansehen. Nur allzuoft
werden bey freyen Völkern, durch eine nur
bey solchen mögliche Verblendung, die stärk=
sten Ketten der Dienstbarkeit als die kost=
barsten Werkzeuge und die leuchtendsten Be=
weisthümer der Freyheit verehret und gelie=
bet. Selten finden da die Weisheit und die
Bescheidenheit Gehör, wo sie doch am mäch=

tigſten ſeyn ſollten. Auf dem Rathhauſe
und auf dem öffentlichen Platze (*) iſt es insgemein noch ein weit gröſſeres Verbrechen,
ſich über die Vorurtheile und die eigennützigen Abſichten ſeiner Amtsbrüder und ſeiner
Mitbürger zu erheben als in dem Cabinete:
Und durch Einſichten, durch Tugend und
durch Gerechtigkeit ſich hervorthun iſt ein Fehler, der in den Republiken ſelten Nachſicht
findet. Die Schickſale eines **Ariſtides,** eines **Phocion** und eines **Sokrates** ſind hievon rührende und überzeugende Beyſpiele.
Je gröſſer aber die Schwierigkeiten und die
Gefahren ſind, welche die Rechtſchaffenheit
bedrohen, deſto ſtärker wird die Verbindlich-
keit derſelben getreu zu verbleiben. Der
Diener eines Volkes muß wie der von einem Fürſten ſich mit Muthe und mit Standhaftigkeit bewaffnen. Der eine muß wie der
andre gegen ſeine Pflicht alles nichtig und
gering ſchätzen. Je gröſſer und je zahlreicher die Verſuchungen ſind, welche ſie von
ihren Beſtimmungen ablocken, deſto mehr

(*) In Foro.

müssen sie ihren Eifer und ihre Begeisterung wider dieselben entflammen.

So feurig aber der Trieb für das allgemeine Beste seyn soll, so vorsichtig und so behutsam muß derselbe auch seyn. An den Höfen so wohl als in den Freystaaten hänget der Erfolg der gemeinnützigsten Vorschläge sehr oft von kleinen Umständen ab, welche die Klugheit mit der äussersten Sorgfalt bald zu nützen bald auszuweichen trachtet.

Um mit einem Worte den Innbegriff alles dessen zu wiederholen, was ich diesen Morgen unsern schätzbaren Jünglingen einzuprägen gesuchet habe, ermahne ich dieselben, immer eingedenk zu seyn, daß, in allen ihren Absichten dem grossen Grundsatze der Vollkommenheit, den ewigen und unwandelbaren Gesetzen der Gerechtigkeit und der Menschlichkeit unveränderlich zugethan, in den Monarchien so wohl als in den Freystaaten, eine weise Regierung sich keine andern Mittel erlaube als solche, welche denselben gemäß sind. Diese erhabenen und niemals ungestraft verletzten Richtschnuren

ſind dem Fürſten und ſeinen Miniſtern hei=
lig wie dem Republicaner; dem groſſen
Geiſte wie dem kleinen; und wer fähig iſt,
von demſelben abzuweichen iſt ein Tyrann
oder ein Sklave — oder beydes zugleich.

Schinznach,
siebente Unterredung.

Rückreise von Lenzburg. Triebfedern der Staaten. Herrschsucht. Freyheitsliebe. Tugend. Freyheit. Hoffnung besserer Zeiten.

Unsre Rückreise von Lenzburg war weder minder angenehm noch minder lehrreich als es die Hinreise gewesen war. Wir waren alle besonders munter und aufgeweckt, und Uristus war es noch mehr als alle übrigen. Er erwartete nun die Aufforderung des Philokles nicht. Wir waren kaum zu der Stadt hinaus, so sagte er: Sie erwarten ohne Zweifel, wertheste Freunde, daß ich den Plan ausführe, welchen mir Philokles heute vorgeschrieben hat. Ich will es auch thun, so gut es mir möglich ist. So viel ich mich erinnere, so war das zweyte, das unser würdige Freund von uns forderte, die Beleuchtung der Triebräder, durch welche die grosse Maschine des Staates in Bewegung gesetzet wird.

Wenn wir einem der schönsten Geister unsers Jahrhunderts glauben, so hat jede Art von Verfassung ihre besondere Triebfeder. Die Furcht ist es von dem Despotismus, die Ehre von der Monarchie, und die Tugend von der Republik. Nichts ist beredender, nichts ist blendender als der erhabene Roman, welchen dieser grosse Mann auf diese drey Grundsätze erbauet hat. Man verleurt, indem man denselben lieset, den Menschen gänzlich aus den Augen. Man siehet nichts mehr als den Bürger; man wird verführet zu denken, daß bey diesem alle Gefühle von der Menschheit schweigen, um nur die des Staates herrschen zu lassen. Man wird dahingerissen, Wirkungen zufälliger Ursachen als ewige Gesetze der Natur zu verehren. Sein so reitzvolles als sinnreiches System verdienet, daß wir es sorgfältig prüfen, und daß wir dasjenige, was darinn wahr und richtig ist, von demjenigen

(1. Theil.) N

unterſcheiden, was ein fruchtbarer Witz und
eine blühende Phantaſie der Wahrheit gleich
gemachet haben.

Wir können vor allen Dingen als höchſt-
wahrſcheinlich annehmen, daß die Natur
ſelbſt durch einfältigere und ihrer würdigere
Triebfedern die Glückſeligkeit des Menſchen
befördern würde, wenn, ſeiner Beſtimmung
getreu, er ihrer mütterlichen und liebreichen
Stimme folgen wollte. Der weiſe und gütige Urheber aller Weſen hat den Menſchen
in die vollkommenſte Abhängigkeit von dem
Menſchen geſetzet. Er hat mit einer unverletzlichen Heiligkeit das groſſe Geſetz der Natur verwahret, welches die Glückſeligkeit jedes Menſchen mit dem Wohlſtande ſeines
Nächſten unzertrennlich verknüpfet; welches
gebeut, daß keiner anders wahrhaftig glückſelig werden ſoll, als in ſo fern er zu andrer Wohlfahrt beyträgt. Es war Ihnen
ſchon lange bekannt, ſchätzbarſte Freunde,
und ich habe es Ihnen vor ein paar Tagen,
da wir die Natur des Menſchen mit einander erwogen, wiederholet, daß die wohlthä-

tige Weisheit des höchſten Weſens die mäch=
tigſten Reitze über jede Handlung ausgegoſ=
ſen hat, durch welche der Menſch dem Men=
ſchen gutes thut ; daß derſelbe durch das
mächtigſte aller Bänder, durch die Bedürfniß
Vergnügen zu empfangen und ſolches zu ge=
währen, den Menſchen mit dem Menſchen
vereiniget habe. Dieſes koſtbare Gefühl, un=
abhängig von aller Ueberlegung, iſt die ein=
fältigſte und die natürlichſte Feder jedes ge=
ſelligen Verhältniſſes. Ohne daſſelbe können
wir Eltern, Kinder, Brüder, Schweſtern,
Verwandte, ohne daſſelbe können wir die
Menſchheit ſelbſt nicht denken. So ſollten
auch Weisheit und Wohlthätigkeit von Sei=
ten der Obern, Dankbarkeit und Ehrerbie=
tung von Seiten der Untergebenen; ſo ſoll=
ten Liebe und Gegenliebe die einzige Quellen
des Anſehens und der Unterwürfigkeit, die
einzigen Bänder der bürgerlichen Vereini=
gung ſeyn. Und deßhalben ſollten wir zur
Ehre der Menſchheit glauben, daß die erſten
Herrſchaften keinen andern Urſprung gehabt
hätten. Deßhalben ſollten wir denken, daß

nur die wohlthätige Anschlägigkeit eines er=
leuchtetern Sterblichen andre veranlasset ha=
ben könnte, sich demselben zu unterwerfen;
und daß nur der edle und süsse Trieb, gutes
zu thun, einen Menschen hätte berechtigen
können des Ansehns über andre sich anzu=
massen. Allein die Geschichten aller Völker
belehren uns, daß auf unserm Erdkreise Ge=
waltthätigkeit und Ungerechtigkeit immer vor
der Wohlthätigkeit geherrschet, daß sie den
ersten Grund zu dem Ansehen und zu der
Erhöhung des Menschen über den Menschen
geleget haben, und daß allerorten Unord=
nung, Zerrüttung und Sklaverey, der Ord=
nung, der Ruhe und der Freyheit vorher=
gegangen sind.

Wenn wir die Jahrbücher des menschli=
chen Geschlechtes durchgehen, so finden wir
in den Anfängen der bürgerlichen Gesell=
schaften jedes Land mit Menschen besetzet,
welche, von aller Empfindung der Mensch=
lichkeit entblösset, entweder in der vollkom=
mensten Dummheit einander wenig achteten,
oder in der äussersten Wildheit einander ver=

folgeten. Es wird für den menſchlichen
Verſtand wohl immer ein Geheimniß bleiben, warum die Vorſehung erlaubet hat,
daß jemals der Erdboden mit ſolchen erniedrigten und entnatürten Menſchen bevölkert
worden iſt. Allein die Sache ſelbſt liegt vor
unſern Augen.

Wir müßten uns hier weiter, als es unſrer dermaligen Abſicht angemeſſen wäre, in
pſychologiſche Unterſuchungen einlaſſen, wenn
wir es ausführlich erklären wollten; aber
wir können es als unſtreitige Erfahrungen
annehmen, daß dumme wilde Menſchen ſich
anders nicht dem Anſehen andrer unterwerfen, als in ſo fern ſie dazu durch die Uebermacht einer gröſſern Stärke gezwungen,
oder durch die Reitze einiger ihren Fähigkeiten angemeſſener Vortheile bewogen werden;
daß unter den Menſchen welche ſich über
die Gränzen der Dummheit erhoben haben,
die ſtärkern Seelen durch einen natürlichen
Trieb zu herrſchen getrieben werden, und
daß da die ſchwächern Geiſter in einer gleich
natürlichen Bedürfniß ſtehen, von den weit-

aussehenden und männlichern Gesetze anzu=
nehmen; daß nach Maaßgabe als sich die
Einbildungskraft des Menschen erhöhet, und
als sich seine Einsichten vermehren, derselbe
destomehr nach der Unabhängigkeit und nach
der Freyheit lüstern werde, wenn nicht sol=
che wichtige und sehr grosse Beweggründe
ihn in der Ruhe erhalten; und daß also, wie
die Sklaverey das Loos aller dummen Völ=
ker ist, bey denienigen, bey welchen Er=
leuchtung und Stärke der Seele sich aus=
breiten, ein heftiger Streit zwischen der
Herrschsucht der Obern und der Freyheits=
liebe der Untern entstehen müsse. Der nem=
liche Trieb, welcher eine starke Seele mit
der Liebe der Unabhängigkeit entflammet,
wird, so bald sie sich über alle Hinternisse
empor geschwungen hat, zur Herrschsucht,
wenn nicht die Vernunft ihn zur Tugend
machet. Aus diesen Beobachtungen läßt sich
leicht erklären, wie, bis zur Vestsetzung der
vernünftigen Gränzen des Ansehens und der
Freyheit, jedes Volk entweder in einer gänzli=
chen Dienstbarkeit schmachten oder in einer

Zerrüttung leben muß, welche, wenn sie nicht zur Freyheit führete, noch trauriger seyn würde als selbst die Knechtschaft.

In den Anfängen der Staaten mußte deßhalben allerorten ein harter Despotismus herrschen, indem nur die Uebermacht, und eine Uebermacht die meistens das Werk einer gewaltigen und schreckenden Einbildungskraft, oder einer entschiedenen Barbarey war, das Werkzeuge des Ansehens seyn konnte. Nur Leidenschaft und Gewalt konnten die Einfalt und die Schwachheit unterjochen, bey Menschen, welche, bey einem geringen Maaße von Bedürfnissen und von Einsichten, für die Reitze der Geselligkeit und für die Rechte der Tugend und der Weisheit noch unfühlbar seyn mußten: Und so war von allen entstehenden Gesellschaften die **Furcht** die erste Triebfeder, oder vielmehr, die Unthätigkeit und die Dummheit liessen sich durch ganz natürliche Ursachen von der Wirksamkeit und von den höhern Einsichten dahinreissen.

In Ländern, welche, unter einem heissen

und schwülen Himmel gelegen, durch alle
Annehmlichkeiten der Natur verschönert und
an allen Mitteln des Vergnügens reich), wei=
che und schwache Menschen erzeugen, konn=
te ein kühner und wirksamer Mensch sich
leicht eine grosse Menge Sklaven machen.
Mit der Beyhilfe einer eben nicht gar be=
trächtlichen Anzahl muthiger Krieger, die
er aus rohen Gebirgen in diese anmuthsvol=
len und fruchtbaren Ebnen führete, unter=
jochete ein aus einem Heere vieler Sklaven
in einen Heerführer verwandelter Held sehr
leicht unzählige sanfte und ruhige Geschlech=
ter, und wurde zu einem Könige. Wenn
die Nachfolger des tapfern Anführers und
die Nachkömmlinge seiner muthigen Krie=
ger, durch die Einflüsse eines milden Him=
mels und einer weichlichen Lebensart, so
schwach und so feig wurden als ihre Be=
siegten, so wurden sie mit denselben neuen
Eroberern zum Raube. Da durch natürli=
che Ursachen die Einwohner dieser Länder
so schwach waren; da bey der äussersten Fühl=
barkeit der Sinnen sie ihre Aussichten nach

keinen höhern Vorzügen erhuben; da also,
bey einem allgemeinen Ueberfluſſe mit dem
Genuſſe ihrer Wohllüſte und der Ruhe zu=
frieden, ſie weder Bedürfniſſe noch andre
Beweggründe kannten, eine Aenderung oder
eine Verbeſſerung ihrer Umſtände zu ver=
langen; da die Macht des Monarchen ſo groß
und der Thron deſſelben ſo unzugänglich wa=
ren, daß weder Widerſetzung noch Vorſtel=
lungen Platz hatten; ſo verhielten ſich die
Unterthanen dieſer Reiche immer leidend,
und ſo blieben ſie immer in dem Stande,
in welchem ſich alle Menſchen bey den erſten
Anfängen der bürgerlichen Vereinigungen be=
finden mußten. Eine kleine Anzahl von er=
leuchteten und mächtigen Perſonen machete
mit einer groſſen Menge von unwiſſenden
und von ſchwachen, alles was ſie gut fand.
Wenn Erſchütterungen oder Staatsverände=
rungen vor ſich giengen, ſo waren dieſelben
ein Werk einer rohen Militz, unruhiger Sa=
trapen oder fremder Angreifer. Sobald die
Unruhen ein Ende hatten; ſobald der Mo=
narch ſieghaft oder beſiegt war, ſo kam alles

wieder in seine vorige Ordnung ; so war der politische Zustand des Bürgers weder verbessert noch verschlimmert. Bey solchen Völkern waren also Einfalt, Schwachheit und Weichlichkeit die Quellen des Ansehens, und Uebermacht und Gewaltthätigkeit die Werkzeuge desselben ; und also hat man nicht ohne Grund gesagt, daß die Furcht die Triebfeder dieser Regierungsform, und daß der Despotismus für den Menschen von höhern Fähigkeiten, und von einer bessern Denkungsart, eine abscheuliche Verfassung sey. Es ist indessen unstreitig, daß durch die Weisheit erleuchteter Gesetzgeber, und durch die Wohlthätigkeit tugendhafter Beherrscher, solche Staaten oft einen bewunderungswürdigen Grad von Wohlstande erreichet haben, und daß auch in ihrem verdorbensten Zustande die Bürger derselben selten unglücklicher gewesen sind, als es dieselben von den belobtesten Verfassungen in vielen Zeitpunkten gewesen waren.

In Gegenden, die von Natur ziemlich roh, aber doch fähig waren durch die Kunst und

durch die Emſigkeit merklich. verbeſſert zu
werden; wo unwegſame Gebirge, ungeheu=
re Wälder und groſſe Flüſſe muthige Ge=
ſchlechter durch natürliche Gränzen von ein=
ander abſonderten, jeder entſtehenden Verei=
nigung ſehr enge Grenzen ſetzeten, und jede
beträchtliche Eroberung ſchwer macheten;
in Griechenlande und in Italien, ſcheinen
ſehr lang, unzählige kleine Tyrannen dum=
me und rohe Untergebene in der barba=
riſchen Schwachheit natürlicher Sklaverey
behalten zu haben. Als allmählich ſolche Un=
menſchen ihre Herrſchaften weiter ausdeh=
neten, oder als ſich ſolche mit einander ver=
einigten, ſo mußten auch ſehr viele kleine
Staaten entſtehen, wo viele Jahrhunderte
hindurch bey unaufhörlichen Fehden und
Kriegen die Bürger in unbeſtimmten Ver=
faſſungen eben ſo barbariſch blieben, als eh=
mals in dem Stande einer gänzlichen Ge=
ſetzloſigkeit. Die Greuel der heroiſchen Zei=
ten beweiſen mehr als genug, wie unglück=
lich der Bürger bey ſolchen Völkern zwiſchen
der Sklaverey und der Freyheit geſchwebet

habe. Als allmählich die Reichthümer und
die Erleuchtung bey denselben zunahmen; als
sich dieselben immer mehr durch alle Claſſen
des Staates ausbreiteten, ſo lerneten auch
nach und nach die Untergebenen die Dienſt=
barkeit ſtärker verabſcheuen, und die Beherr=
ſcher die Herrſchaft lebhafter verlangen.
Ehrgeitz, Eitelkeit, Wohlluſt, Neid, Hab=
ſucht und alle andern verderblichen Leiden=
ſchaften reizeten die Bürger gegen einander
zur Ungerechtigkeit, die Beherrſcher gegen
die Untergebene zur Unterdrückung, und
dieſe gegen jene zur Empörung. Die durch
die immer anwachſende Vermehrung der
Reichthümer und der Einſichten immer mu=
thiger gewordenen Bürger empfanden täglich
mehr, daß die Natur ſie zu etwas gröſſerm
als zu Sklaven beſtimmet hätte; daß ſie kei=
ne Kinder, daß ſie Männer wären. Sie
wurden immer ungeduldiger, und ſie be=
freyeten ſich endlich von ihren Herren mit
einer Wuth und mit einem Feuer, welche
meiſtentheils eher Ausbrüche einer blinden
Barbarey als Früchte einer erleuchteten Frey=

heitsliebe waren.   Die Tapferkeit und der
politiſche Fanaticismus, womit dieſe Ver=
änderungen insgemein zu Stande gebracht
wurden, legten in den Augen des Bürgers
ſeinem neuen Stande einen ſonderbaren
Werth bey, der noch dadurch erhöhet wur=
de, weil ſie dem Staate oft lange Zeit die
Früchte der wahren Freyheit, der Gerech=
tigkeit, und des Friedens gewähreten.   So
lange der Haß der alten Knechtſchaft dauer=
te, ſo lange blieb auch dieſer Enthuſiasmus
wirkſam.   Er erzeugete unbegreifliche Tha=
ten, nnd er feuerte ſehr oft den Bürger
an, demſelben ſeine dringendſte Vortheile,
und ſelbſt die heiligſten Triebe der Natur
aufzuopfern.   Man iſt gewöhnet dieſe er=
ſtaunlichen Geſinnungen als Ausflüſſe der
reineſten Tugend zu bewundern, ohne zu be=
trachten, daß ſie nichts als Früchte einer
zügelloſen Leidenſchaft waren, einer Leiden=
ſchaft, welche deſto ſtärker ſeyn mußte, je
einer gröſſern Anzahl von Menſchen ſie ge=
mein war, und welche alle andern Neigun=
gen erſticken mußte, da ſie das vornehmſte

oder vielmehr das einzige Mittel war, durch welches feurige Geister ihre unbezähmbare Wirksamkeit ungehintert ausüben, den Beyfall und die Bewunderung ihrer Mitbürger erhalten, und sich über dieselben erheben konnten. Wenn eine Leidenschaft oder eine Wuth den geheiligten Namen der Tugend verdienen könnte, so könnte man mit Rechte sagen, daß die **Tugend** die Triebfeder dieser Staaten gewesen sey. Indessen würde auch dieses nur von einigen sehr kurzen Zeitpunkten derselben wahr seyn. So bald in denselben die Ruhe hergestellet, so bald darinn eine Verfassung vestgesetzet, so bald das Ansehen des Volkes über alle Gefahren erhoben war, so bald wurde die Begierde der Menge zu gefallen das einzige Triebrad aller Handlungen, weil nur die Gunst derselben Ehre und Ansehn, weil nur sie die Reichthümer und alle andern Mittel gewähretę, die mächtigsten Neigungen zu befriedigen. Da verschwand diese so belobte Tugend. Sie war nicht mehr zu finden, außer bey einigen wenigen weisen und gros=

ſen Männern, derer erhabene Denkungsart
aber aus ganz andern Quellen floß als aus
der Verfaſſung ihres Vaterlandes; einer
Verfaſſung, welche niemals fähig war eine
wahre Tugend zu erzeugen, man müßte
denn dasjenige dafür erkennen, was dem
Eigenſinne eines blinden Pöbels ſchmeichelt;
wie man an den Höfen meiſtens Verdienſt
nennet, was einem blöden Monarchen oder
einem eigennützigen Miniſter angenehm iſt. (*)

Völker, welche gleich denjenigen, ſo von
Zeit zu Zeit die aſiatiſchen Reiche erobern,
keine andre Beſchäftigung kannten als die
Waffen, und keinen andern Rechtsgrund als
den Sieg; wilde und kriegeriſche Völker
überſchwemmeten in den mittlern Zeiten in
unzählbaren Schwärmen Länder, welche
mehr oder minder erleuchtet, mehr oder minder geſittet waren, nachdem ſie länger oder
kürzer unter dem Despotismus von Rom ge-

(*) Quemadmodum enim in populari degenti
republica multitudo colenda eſt; ſic & eum
qui in imperio regio conſedit regem admirari
oportet. SOCRATES in paræneſi.

seufzet hatten. Sie stifteten da verschiedene
Reiche, und sie führeten in denselben all=
mählich Verfassungen ein, welche von allen
bisdahin bekannten ganz verschieden waren.
Weit der grösseste Theil der Einwohner
schmachtete da unter einem barbarischen
Adel, und unter einer tyrannischen Priester=
schaft, in der elendesten Sklaverey und in
der entschiedensten Dummheit. Nur die ro=
hen Unterdrücker des Volkes hatten, unter
Fürsten die ihnen glichen, das Recht die
Waffen zu führen, und zu den öffentlichen
Geschäften gezogen zu werden. Ihre einzi=
ge Tugend war eine wilde Tapferkeit. Die
ganze Wirksamkeit ihrer Seelen war in die=
selbige zusammengefasset. Jedes milde Ge=
fühl, jede besänftigende Einsicht war ihnen
unbekannt. Dem Edeln erlaubeten seine ein=
zig auf die Jagd und den Krieg eingeschränk=
ten Neigungen nicht, sich um das Licht zu
bewerben welches die Seelen erhebet und
mildert; und der Unedle wurde durch die
härteste Sklaverey von jeder Erhöhung sei=
ner Fähigkeiten und seiner Empfindungen

zurückgehalten. Es war alſo ganz natürlich,
daß kriegeriſche Eigenſchaften allein bey ſol=
chen Völkern geſchätzet wurden, und daß
bey denſelben alle Vorurtheile und alle Ge=
fühle ſich dahin vereinigten, den Werth
des Bürgers nach dem Maaſſe derſelben zu
beſtimmen, und die Waffen allein zu dem
Werkzeuge der Ehre und ſelbſt zu dem Maaß=
ſtabe der Gerechtigkeit zu machen. Wie alſo
der Bürger nur durch kriegeriſche Thaten ſich
hervorthun, und die unruhigen Triebe ſei=
nes Herzens befriedigen konnte; ſo wollte er
auch nur durch militariſche Verhältniſſe von
ſeinen Obern abhängen; ſo konnte er keine
Unterwürſigkeit vertragen, welche ſeine Ro=
higkeit allzu eng einſchränkete; ſo konnte er
gar ſchwer bewogen werden, ein anderes Recht
zu erkennen als das Recht des Stärkſten;
und ſo achtete der Unterthan ſeinen König,
und der Vaſall ſeinen Lehnherrn auch nicht
anders, als in ſo fern ſie ihm an Macht
überlegen waren. Empörungen, Unord=
nungen, Zerrüttungen, Elend, Armuth und
(I. Theil.)   O

Finsterniß waren deßhalben viele Jahrhunderte hindurch das Loos dieser unglücklichen Reiche, von welchen einige erst seit ungefähr einem Jahrhundert anfangen sich merklich aus der Barbarey empor zu heben, indem die meisten noch mehr als zur Helfte darinn versunken sind. Wenn man solche elende Verfassungen Monarchien betiteln; wenn man einem barbarischen und wilden Triebe einen verehrungswürdigen Namen beylegen; wenn man dasjenige als eine des Menschen würdige und der Vernunft angemessene Triebfeder ansehen will, was nothwendig alles in Verwirrung setzen muß; so kann man sagen, daß die Ehre die Triebfeder der monarchischen Verfassung sey.

Ich habe immer mit Bedauern gesehen, wertheste Freunde, daß eines der größten Genies alle seine Kräfte verschwendet hat, auf die Verwirrung der wichtigsten Begriffe ein betriegerisches System zu bauen. — Ich bewundere und verehre so sehr als jemand den unsterblichen Präsidenten; aber Tugend zu nennen was er so heisset, Ehre was er mit

dieſem Namen bezeichnet, und die Ehre, die
nur der Wiederſchein der Tugend iſt, von
ihrem Urbilde abſondern; das kann ich wi=
der den Sinn und den Sprachgebrauch aller
Völker, und wider die Natur ſelbſt, unmög=
lich billigen.

Dieſes aber wird nicht geläugnet werden
können, daß faſt zu allen Zeiten die meiſten
Staaten der Erde, und in ihren erſten An=
fängen alle, durch fehlerhafte und unvollkom=
mene Triebfedern beherrſchet worden ſind;
und daß die urſprünglichen Anſtalten, Ge=
ſetze und Sitten derſelben, nach dieſer Be=
obachtung beurtheilet werden müſſen. Und
es iſt nicht weniger unſtreitig, daß alle dieſe
ſo geprieſenen Triebräder nur eine von ver=
änderlichen Umſtänden abhängende, nur eine
vorübergehende Wirkſamkeit haben; daß die
wahre Glückſeligkeit der Bürger, die wahre
Hoheit der Beherrſcher, und die dauerhafte
Blüthe der Staaten, durch weit erhabnere
und verehrungswürdigere Urſachen erzeuget
werden; daß nur das ausgebreitetſte Wohl.
wollen, durch die zu ihrer vollkommenſten

Reife erhobene Vernunft erleuchtet, das glückliche Werkzeug abgeben könne, die mannigfaltigen Triebräder der menschlichen Herzen zu diesem grossen Endzwecke zu vereinigen.

Aus dieser kostbaren Quelle allein fliesset die Tugend, die wahre Tugend, die unendlich weit über das schimmernde Götzenbild erhoben ist, welches der römische Pöbel wie der griechische, als den einzigen Gegenstand seiner Bewunderung und seiner Verehrung ansah. Diese allein kann die wahre Triebfeder jeder gerechten Verfassung seyn; und nur in so fern diese die Vorsteher und die Bürger der Staaten beseelet, können sich die Völker einen dauerhaften und wahrhaftig schätzbaren Wohlstand versprechen. Diese erzeuget das kostbare wechselsweise Vertrauen, der Herrschenden und der Gehorchenden, erzeuget die Liebe und die Gegenliebe, welche allein die Beherrscher verehrungswürdig, die Völker ruhig und gehorsam, und sowohl die einen als die andern glücklich machen können.

Ariſtus hielt hier in — als ob er den Gegenſtand erſchöpfet hätte, welchen er ſich vorgeſetzet hatte, uns dießmals zu erläutern. Wir glaubeten auch alle, wir könnten mit Rechte nichts weiter von ihm fordern. Allein **Philokles** nahm, nach einem allgemeinen Stillſchweigen von etlichen Minuten, das Wort und ſagte: Erlauben Sie mir, mein theuerſter Lehrer; ich hätte nicht erwartet, daß Sie ſo bald enden würden. — Mir deucht, Sie gehen zu geſchwinde und Sie fordern wider die Natur der Menſchheit, daß eine ungeheure Menge von Menſchen ganz einförmig handlen. Sie wollen alle beſondern Triebe und Neigungen erſticken, um eine einzige Empfindung herrſchen zu machen — Ich glaube durch die Erfahrungen, welche ich bey den öffentlichen Geſchäften gemachet habe, überzeuget worden zu ſeyn, daß dieſes nicht möglich ſey, und daß es vielleicht nicht einmal nützlich ſeyn würde — Wenn es aber beydes wäre, ſo iſt es doch richtig, daß alle Verfaſſungen die wir kennen noch weit von der idealen

Vollkommenheit entfernet sind, von deren
Sie sich so reitzvolle Begriffe machen; und
daß, wenn nicht zu allen Zeiten die Staaten durch einander bekämpfende und mangel-
bare Triebräder beherrschet werden müssen,
dieses doch für die Zeiten und für die Länder, in welchen wir leben, ein unvermeidli-
ches Gesetze ist. Wenn wir dieses unsern
schätzbaren jungen Freunden verheelen; wenn
wir ihre Köpfe mit chimärischen Begriffen
von einer Vollkommenheit anfüllen, die in
ihrem Vaterlande unmöglich statt hat, so
machen wir unglückliche und vielleicht gar
unbrauchbare Bürger aus ihnen.

Ich begreife Sie nicht recht, antwortete
Aristus. — Nach meinen Begriffen machen
die öffentliche Wohlfahrt und der Wohlstand
jedes Bürgers ein Ganzes aus, dessen Theile
alle durch ewige und unveränderliche Gesetze
auf das engeste mit einander verknüpfet sind.
Es ist nicht möglich, besser für sich und die
seinigen zu sorgen, als indem man jede
Handlung unterläßt, welche dem allgemeinen
Besten Abbruch thun kann, und jede mit

desto grösserm Eifer verrichtet, je mehr sie den allgemeinen Wohlstand befördert.

Ich gebe dieses gar gerne zu, sagte Phi, lokles; allein ich habe immer beobachtet, und ich glaubete vor einer halben Stunde, Sie würden auch darauf fallen, daß der Kampf der Ehrbegierde und der Freyheits. liebe eben dadurch, daß die eine der andern das Gegengewicht hält, den Staat vor der Verderbniß bewahre — Wenn die Herrsch= sucht der Grossen uneingeschränkt ihre Kräfte äussern könnte, so würde bald der Staat in die vollkommenste Unthätigkeit und in die äusserste Erniedrigung verfallen. Wenn die Ausgelassenheit der Geringen nicht durch das Ansehn der Höhern gemäßiget und bezäh= met würde, so müßte bald eine allgemeine Zerrüttung herrschen. Ich gehe weiter; ich behaupte, daß wenn auch der Fürst oder die Regierung, durch die erhabensten Triebe und Absichten beseelet, den Wohlstand und die Ruhe des Bürgers auf den höchsten Grad brächten, und diesem jeden Anlaß, seine Wirk= samkeit in Rücksicht auf die öffentlichen Ge=

schäfte auszuüben, benähmen; ich behaupte,
sage ich, daß in diesem Falle sie den Bürger seines kostbarsten Vergnügens berauben
würden: — Und da jeder rechtschaffene Bürger dadurch, daß er ein Glied des Staates
ist, den Wohlstand desselben vermehret, so
ist es auch billig, daß er an der Sorge für
diesen Wohlstand Antheil nehme.

.Auch hierinn bin ich mit Ihnen übereinstimmig, mein theuerster Philokles, antwortete Aristus. Jeder Bürger hat das
Recht; jedem liegt ob, so viel seine Einsichten und seine Kräfte es ihm erlauben, zu dem
Besten seiner Mitbürger beyzutragen. Wenn
die Regierung auf ihrer Seite schon alles
Ersinnliche thut, so brauchet sie doch die
Beyhilfe aller erleuchteten und tugendhaften
Bürger. — Diese werden niemals in die Unthätigkeit versetzet werden, und ihre Wirksamkeit wird nur desto glücklichere Erfolge
haben, wenn ihnen die unglücklichen Anlässe
mangeln, den Eingriffen oder den Irrthü-
mern ihrer Obern entgegen zu arbeiten. Sie
denken hierinn gar zu brittisch, mein vor-

trefflicher Freund! Sie glauben, wie es
ſcheinet, gar, daß der Staat verlohren ſeyn
würde, wenn keine Factionen und keine Tren=
nungen mehr darinn wären, wie es einige
engliſche Schriftſteller behauptet haben — und,
wie ich ſelbſt dafür halte, nicht gänzlich oh=
ne Grund. — Weil durch die natürliche Be=
ſchaffenheit der menſchlichen Dinge in einem
Staate, ſich immer Mißbräuche hervorthun
werden, ſo würde es freylich ein Unglück
ſeyn, wenn nicht redliche und erleuchtete
Bürger ihre Stimmen dagegen erhüben, und
durch alle angemeſſenen Mittel die Sache
der Freyheit und der Nation vertheidigten.
Allein ein Staat wird nichts deſto weniger
immer deſto glücklicher ſeyn, je weniger Miß=
bräuche die Wachſamkeit der Bürger auffor=
dern. Dieſe Vollkommenheit dürfen wir
wohl in ſo fern verlangen, als ſie möglich
iſt. Freylich iſt die Vollkommenheit in al=
len menſchlichen Dingen eine bloß ideale
Sache. Indeſſen iſt doch nichts gut, iſt doch
nichts dem Menſchen nützlich, als in ſo fern
es derſelben nahe kömmt. Es iſt alſo nicht

gefährlich, es ist nothwendig, jungen Leuten
die Vollkommenheit als ein Ziel vorzustellen, nach welchem ieder einzelne Mensch so
sehr streben, und als ein Muster, welches
er bey ieder Anstalt vor Augen haben soll.

Ich verlange deßhalben in dem Staate
keine verderbliche Unthätigkeit zu unterhalten. — Ich verabscheue nur diejenige Wirksamkeit, welche die guten Absichten der Regierung bekämpfen würde. — Ich verehre
diejenige, welche sich den öffentlichen Uebeln
auf eine geziemende Weise widersetzet. Nach
meinen Einsichten sind die Herrschsucht und
die Freyheitsliebe einander viel näher verwandt als man es insgemein glaubet. Sie
können beyde einander auf die hartnäckigste
Weise bestreiten. Sie können beyde mit ein-
einander auf das lieblichste übereinstimmen. —
Ich sehe, daß dieser Satz Sie befremdet,
theuerste Freunde. Ich will trachten denselben so gut zu erläutern als es mir möglich ist.

Die Ehrbegierde, oder die Begierde die
Geister zu beherrschen, ist eine Eigenschaft

der edelsten und der vortrefflichsten Seelen.
Ein feuriger und unbezähmbarer Trieb nach
der Erhöhung und der Erweiterung ihrer
Wirksamkeit ist davon die Quelle, und er
ist es zugleich von Glückseligkeit und von
Elende, nachdem er in der wahren Vollkommenheit oder in eingebildeten Vorzügen seine Befriedigung findet.

Die Liebe zur **Freyheit**, oder, besser und
allgemeiner zu reden, zur Unabhängigkeit,
ist derselbige Trieb mit der Herrschsucht oder
dem Ehrgeitze; ist von demselben nur durch
die Anlässe und durch die Umstände verschieden, in denen er sich äussert. Er erhält
seinen wesentlichen Werth von den nemlichen Reitzen. Das **Vergnügen**, seine **Wirk-**
samkeit ungehindert auszuüben, ist das
süsseste für den geschäftigen und unruhigen
Geist des Menschen; ist auch demjenigen
kostbar, der sich dadurch unglücklich machet; ist als Freyheitsliebe und als Ehrbegierde, als Unbändigkeit und als Herrschsucht,
fähig ein Werkzeug von unendlichem Gutem und unzählichen Uebeln zu werden.

Kein Vergnügen ist so süß, keines ist des Adels der menschlichen Natur so würdig, keines hat für wohlgeartete Herzen so mächtige Reitze, als das erhabene Gefühl, welches mit der Ausübung grosser, gemeinnütziger, und aus reinem Wohlwollen herfliessender Thaten verknüpfet ist. Nichts ist so vermögend schöne Seelen zu erheben, und mit einer seligen Beruhigung zu erfüllen, als die segnende Dankbarkeit eines Volkes, an dessen Glückseligkeit sie gearbeitet haben. Das Zeugniß, welches der öffentliche Wohlstand und die allgemeine Zufriedenheit von der wohlthätigen Tugend des rechtschaffenen Mannes und des guten Bürgers ablegen; dieses ist eigentlich die **wahre Ehre**; diese ist für edle Seelen unendlich reitzvoller, als es für kleine Geister die blendendsten Puppenspiele der Grösse und der Hoheit seyn können.

Es mögen nun diese edeln Empfindungen sich so äussern, daß Beherrscher oder Vorsteher der Völker ihr Ansehen anwenden, nach ihren wohlthätigen Eingebungen das

Beste ihrer Unterthanen zu befördern; oder
daß Bürger den Mißbräuchen entgegen arbeiten, durch welche die Ungerechtigkeit oder
die Unwissenheit verführter Beherrscher ihre
Untergebenen unglücklich machen; so sind sie
immer gleich schätzbar und gleich verehrungswürdig.

Wenn aber die Hohen ihr Ansehen zum
Nachtheile des allgemeinen Wohlstandes, oder
die Niedern ihre Rechte zu Erschütterung
der öffentlichen Ordnung mißbrauchen, so
ist der eine dieser Mißbräuche so abscheulich
als der andre.

Wenn hingegen die Obern zu der vollkommensten Beförderung des allgemeinen
Wohlseyns mit den Untergebenen in einer
glückseligen Harmonie übereinstimmen; wenn
die Wirksamkeit aller Glieder des Staates zu
diesem glücklichen Ziele sich vereiniget, so
entstehet die **wahre Freyheit**; der glückliche
Zustand eines Staates, wo, vor allen Anfällen des Neides, der Bosheit und der Ungerechtigkeit sicher, jeder Bürger den Vorschriften der Tugend ungehindert nachleben,

die Früchte seines Fleisses und seiner Ge-
schenke ungestöhrt geniessen, und ohne andre
Schranken als die, welche die Gesetze, das
allgemeine Beste, und die Rechte jedes seiner
Mitbürger ihm vorschreiben, nach seinem
Gutbefinden handeln kann. — (*)

So ist die Herrschaft ein Uebel und die
Freyheit ein Unding, wenn nicht die Weisheit den Gebrauch beleuchtet, welchen der
Mensch von denselben machet; so sind diese
zwey grossen Triebräder, so sehr sie einander
entgegengesetzet scheinen, wie sie in ihrem Ur-
sprunge einander auf das engeste verwandt
sind, auch durch ihre Bestimmung mit einander auf das genaueste verknüpfet, wo nicht
Unverstand und Mißbräuche sie trennen. So
bestätiget sich auch durch diese Betrachtungen
der Satz, den ich vorhin geglaubt hatte mehr
als genug bevestiget zu haben: Das erleuchtete Wohlwollen der Obern gegen ihre Untergebenen; die ehrfurchtsvolle Dankbarkeit
der Bürger gegen ihre Vorsteher; die glück-

(*) Hume history of England. James I. ch. 5.
p. 99.

liche Vereinigung derſelben zu dem groſſen
Endzwecke des allgemeinen Wohlſtandes,
ſind die koſtbarſten und die ſicherſten Bänder
der bürgerlichen Geſellſchaften. Und was
ſind ſie anders als Tugend? Was können ſie
anders erzeugen, als Ruhe, Ordnung und
Zufriedenheit? Einem Fürſten, einem Se=
nate, welche ihre Gröſſe und ihr Vergnügen
in nichts anders ſetzen, als in die Glückſe=
ligkeit und in die Liebe ihrer Bürger, über=
giebt ein Volk ſich ſelbſt und ſeine theuerſten
Vortheile mit dem ruhigſten Zutrauen. Und
wie ſollten erleuchtete Beherrſcher verführet
werden können, das ihnen anbefohlene Hei=
ligthum des Anſehns zu mißbrauchen, da es
ihnen keinen Vortheil mehr gewähren kann,
ſo bald es aufhöret ein Werkzeug von der
Glückſeligkeit andrer zu ſeyn. Auf die glei=
che Weiſe beſorgen tugendhafte Beherrſcher
nicht die geringſte Gefahr, nicht die geringſte
Unordnung von der Freyheit tugendhafter
und wohlgeſitteter Bürger. —

Sie verfallen wieder in ihren Enthuſias=
mus, mein theuerſter Freund, ſagte hierauf

Philokles. Die Reise, der Aufenthalt in Lenzburg, vielleicht das Gläsgen Burgunder, mit dem wir unsre Mahlzeit beschloſſen haben — alles scheinet ihre Munterkeit zu erhöhen, und sie in angenehme Träume dahin zu reiſſen. Sie führen uns in eine idealische Welt — die vielleicht nie geweſen iſt — die vielleicht nie ſeyn wird — und die gewiß nicht iſt. — Wie ſelten ſind nicht unter den Menſchen die edeln und erleuchteten Seelen, welche ihre Pflichten kennen, und den Werth derſelben empfinden! So ſehr auch, mein theuerſter Ariſtus, Sie für die Ehre der Menſchheit das Gegentheil wahr zu ſeyn wünſchen möchten, ſo können Sie doch nicht läugnen, daß ſeit den erſten Anfängen der bürgerlichen Geſellſchaften Gewaltthätigkeit und Eigennutz die Abſichten und die Aufführung derjenigen entehret haben, welche für das Beſte der Menſchen ſorgen, oder für die Freyheit derſelben wachen ſollten. Nennen Sie mir den glückſeligen Staat, der ſich der Freyheit rühmen könne, welche ſie eben beſchrieben haben,

und den Mann, dem nicht die Ungerechtig⸗
keit, die Habſucht und die Lüſternheit ſeiner
Obern, ſowohl als die Leidenſchaften und
die unordentlichen Begierden ſeiner Mitbür⸗
ger ſehr oft furchtbar geworden ſeyn. Ich
will nun nichts von der Tyranney und von
der Sklaverey reden, welche die Höfe der
Fürſten entehren, und ſich von dar über
ganze Länder und Reiche mit einer ver⸗
heerenden Landplage ausbreiten. Wir Re⸗
publicaner ſind insgemein nur allzu geneigt,
die Uebel andrer zu vergröſſern, und unſere
eigenen zu mißkennen. Allein, worinn be⸗
ſtehen die Vorzüge und die Freyheit der mei⸗
ſten Republicaner? Iſt es nicht größtentheils
in dem Rechte, ſeinen Willen und ſeine Mey⸗
nungen den Mächtigen und den Reichen zu
verkaufen, oder Knechte zu ſeyn denen man
ſchmeichelt? Und in kleinen Staaten, wo
es ſich der Mühe nicht lohnet, daß ein Menſch
vor dem andern krieche, oder wo keiner für
den andern ſo viel werth iſt, daß er ihn er⸗
kaufe; was iſt da die Freyheit anders als ein

(L Theil.) P

Werkzeug, womit Unsinnige einander pla=
gen, und eine Geissel, mit welcher der Ver=
wegene den Bescheidenen zum Leiden und
zum Stillschweigen zwinget? Ist eine solche
Freyheit eine Gutthat des Himmels oder ei=
ne Strafe? — Was war die Freyheit von
Sparta anders als eine Sklaverey, welche
die Geister der Menschen in unwürdigen Fes=
seln hielt, und ein paar tausend Skla=
ven, die zur Barbarey durch die Gesetze ver=
dammet waren, zu Tyrannen von noch un=
glücklichern Sklaven machte? Was war
dieselbe von Athen anders, als eine unsin=
nige Ausgelassenheit, wo ein eigennütziges
und verwöhntes Volk den Unterthanen ihr
Recht, und sehr oft den Fremden seine Eh=
re und seine heiligsten Vortheile verkaufete,
und wo die ganze Politick in der Unterdrü=
ckung der Reichen und der Rechtschaffenen
bestuhnde? (*) Welch ein unseliges Volk
war nicht das römische! Nachdem es alle

(*) S. Xenophons schöne Abhandlung
von dem athenienfischen Freystaate.

die abscheulichsten Unordnungen verübet hatte, welche sich nur denken lassen, gab es
sich selbst und seine Freyheit um Brod und
Schauspiele (*) hin. Und wer von euch,
theuerste Freunde, würde wohl nur wünschen, den stürmischen Wahlen in Brentfort,
und den Ausschweifungen beyzuwohnen, welche aus Anlasse derselben in London vorgehen?

Erlauben Sie mir, werther **Philokles,**
versetzte **Aristus?** Mir deucht, Sie lassen
sich eben so sehr durch den Enthusiasmus dahinreissen als ich. Ich habe Ihnen nie geläugnet, daß nicht in monarchischen Staaten, wie in republicanischen, immer unzähliche Mißbräuche und Unordnungen geherrschet haben, und noch herrschen. Ich glaube
es auch schon angemerket zu haben, daß solche Stürme durch ein allgemeines Gesetz der
Natur und durch eine weise Einrichtung ihres alles beherrschenden Urhebers nöthig gewesen zu seyn scheinen. Ich gebe es Ihnen
zu, daß eine allgemeine Tugend und eine

(*) Panem & Ciricenses.

wahre Freyheit noch kein Volk beglückseliget
haben. — Vielleicht hat sogar noch keines
diese letztere gekannt. Der erleuchtete Britte
dürfte wohl über diesen wichtigen Gegenstand
so wenig von dem Irrthume frey seyn als
der rohe Schweitzer. Seit vielen Jahrhunderten kämpften Freyheit und Uebermacht
bey unzähligen Völkern wider einander; und
immer haben Eigensinn und Unwissenheit
auf jeder Seite ihre Forderungen zu weit getrieben. Indessen ist doch auch nicht zu läugnen, daß die Begriffe der Menschen sich immer mehr aufheitern, und daß die Empfindungen derselben sich mildern. Es war unsern Zeiten das bewunderungswürdige Beyspiel eines kleinen Volkes aufbehalten, welches die wahren Gränzen der Freyheit besser als die erleuchtetsten Philosophen gekannt, die Rechte derselben mit einer auch
für eine Gesellschaft von Weisen rühmlichen Mäßigung vertheidiget , und durch
einen standhaften Kampf für dieselbe in einem Zeitpunct von wenigen Jahren mehr
Ehre eingeerndtet hatte, als die bewundertsten

Nationen des Alterthums in vielen Jahrhunderten. Und wer von uns, theuerste
Freunde, erstaunet nicht, da wir sehen, daß
in dem fernsten Norden, in dem Lande, welches verdammet schien auf ewig der Sitz
des Despotismus zu bleiben, eine weise
Monarchie sich über die Gesetzgeber aller
Zeiten erhebet, und unzählichen Völkern die
Freyheit schenket, ehe sie mit dem Namen,
ehe sie mit dem Gedanke davon bekannt worden waren. — Erlauben Sie mir also,
mein theurer Philokles, es Ihnen zu sagen: Sie haben Unrecht, daß Sie diesen
Jünglingen die Hoffnung besserer Zeiten als
eine chimärische Grille abschildern. Sie ist
nichts wenigers. In der unveränderlichen
Natur der Dinge selbst gegründet, ist sie für
jeden Menschen, ist sie für alle Völker eine
kostbare und tröstliche Aussicht. Sie ist es
auch für uns.

Glaubet es mir, theuerste Jünglinge,
fuhr Aristus in einer enthusiastischen Hitze
fort; sie ist es auch für uns. Nicht unsre
tapfern Vorältern allein sollen den Muth und

das Glück gehabt haben, die Tyrannen und
die Tyranney zu vertreiben, und in dem
Zeitpunct der Knechtschaft und der Finster=
niß die Fahne der Freyheit aufzustecken. Es
wäre eine Schande, wenn in dem Schoosse
der Freyheit und der Erleuchtung wir nicht
uns eben so glückliche Erfolge versprechen
dürften. Aber wie sollen wir diese grosse
Unternehmung angreifen. Sollen wir, wie
sie, uns zusammenverschwören. Sollen wir
die Macht, die uns unterdrücket, mit offen=
barer Gewalt anfallen oder mit List unter=
graben. Sollen wir die Tyrannen, die uns
unsre Freyheit und unsre Ruhe rauben, mit
einer edeln Wuth vertilgen. Ja dieses ist
es eben, was wir thun sollen. So lange
unsre grausamsten Feinde uns beherrschen;
so lange die gefährlichsten Tyrannen uns un=
terdrücken, so lange können wir nicht frey
und nicht glückselig seyn. Aber diese Unter=
drücker müssen wir suchen, bekämpfen, ver=
tilgen wo sie sind, in uns selbsten. Wenn
also die Freyheit, die wahre Freyheit bey
uns blühen soll, so müssen wir zuerst uns

ſelbſt von dem Joche unſrer Vorurtheile,
unſrer Begierden, unſrer Leidenſchaften, mit
einem Worte von der Tyranney der Einbildung frey machen. Wir müſſen ihren chi-
märiſchen und ungereimten Geburten entſa-
gen. Wir müſſen alle unſre Wünſche in die
glücklichen und beſcheidenen Gränzen einſchränken, welche die Natur und die Vernunft uns vorſchreiben. Wir müſſen nichts
verlangen, was der öffentlichen Ordnung
oder den Rechten und der Wohlfahrt andrer Menſchen zuwiderläuft. Wir müſſen
die wahren, die dem Zufalle, der Ungerechtigkeit und der Bosheit nicht unterworfenen,
die dem Menſchen eigenthümlichen Güter
umfaſſen, und uns durch den Beſitz derſelben in die erhabenſte Unabhängigkeit ſetzen,
die für edle Seelen ſo mächtige Reitze hat.

Erſt wenn der herrſchende und aufge-
klärte Theil einer Nation, durch eine erhabnere Weisheit erleuchtet, und von einem reinen Wohlwollen entflammet den andern glücklich und blühend machet, kann eine ſolche
für wahrhaftig frey angeſehen werden. —

Alsdann höret der Kampf der Ehrbegierde und der Freyheitsliebe auf. Alsdann stimmen diese beyden Neigungen zu demselbigen Endzwecke überein. Und ohne diese Uebereinstimmung, oder aufs mindste ohne einen beträchtlichen Grad derselben kann der Staat zu keiner wahren Glückseligkeit und zu keiner vollkommenen Blüthe gelangen. Mir deucht also, mein theuerster Philokles, ich habe auch durch dieses genugsam bewiesen, daß der Staat nicht glücklich seyn könne, als in so fern die **Tugend** das Triebrad davon ist.

Ich ergebe mich, antwortete Philokles. Sie machen es wie die Demagogen auf den Landsgemeinden. — Sie nehmen ihre Zuflucht zu den rednerischen Künsten und zu dem Enthusiasmus, wenn sie denken, ihre Gründe allein möchten nicht genug Beyfall finden. Aber ich ergebe mich nun Ihren Gründen sowohl als ihrer Beredsamkeit. Nur hoffe ich, Sie werden mir eingestehen, daß, bis zu der glücklichen Uebereinstimmung der Ehrbegierde und der Freyheitsliebe, diese immer bereit ſeyn müſſe, die ungerechten Eingriffe von jener zu bekämpfen, wenn der Staat nicht in die Sklaverey verfallen ſoll.

Nichts iſt gegründeter, verſetzte Ariſtus.

Schinznach,
achte Unterredung.

Reise nach W**. Politische Tugend. Sittliche
Tugend. Unmöglichkeit ihrer Trennung. Ab-
schilderung eines Staates, wo die Tugend
herrschet.

Die Reise, welche wir nach Lenzburg
gemachet, hatte uns alle ungemein er-
müdet. Wir kamen deßhalben mit einander
überein, daß wir des folgenden Morgens den
Spaziergang sowohl als unsere philosophischen Unterhaltungen aussetzen wollten. —
Wir glaubeten, um desto mehr Ruhe und
Erholung nöthig zu haben, weil wir auf
den Nachmittag eine neue Reise verabredet
hatten. Wir nahmen uns vor, einen ehrwürdigen Greis zu besuchen, den Sie eben so
sehr hochschätzen als ich. Wir wollten unsern Jünglingen das Vergnügen verschaffen,
das angenehme und reitzende W** zu sehen —
und das gröffere, einen redlichen und weisen

Mann kennen zu lernen — einen Mann, der zu einem seltenen Beyspiele von Glücke, ein Leben, so er in der Tugend und in dem Wohlstande zugebracht hat, mit der tröstlichen Aussicht bekrönet, eine zahlreiche Nachkömmlingschaft so tugendhaft und so glücklich zu sehen als er selbst ist. Wir ruheten also des Morgens aus, und begaben uns, indem eine liebliche Kühle den Tag zu unserm Vorhaben sehr bequem machte, gleich nach dem Mittagessen auf den Weg.

Wir waren kaum ausser dem Gasthofe, so hub Philokles an: Wir hätten zwar eine andre Forderung an unsern lieben Aristus zu thun. Wir wollen sie aber auf morgen verschieben. Er hat uns gestern überführet, daß die Tugend die einzige gute Triebfeder jeder Verfassung ist. Da es nun zweyerley Arten von Tugenden giebt, moralische und politische; so möchte ich daß er uns erkläret, ob er auch jene mit zu der Tugend rechnet welche das Triebrad der bürgerlichen Verfassung seyn soll; oder ob, nach dem Sinne verschiedener grosser Män-

ner, er dieselbe in dem politischen Gesichts-
punct für gleichgültig hält.

Da wir zu einem tugendhaften Manne
gehen, antwortete hierauf Aristus, so ist
nichts anständiger, als daß wir von der Tugend reden; und ich werde es desto lieber
thun, weil es diesen Jünglingen nicht unnütz seyn wird, vor dieser Chimäre eines Unterschiedes zwischen der politischen und der
moralischen Tugend gewarnet zu werden.
Ich bin gewiß, schätzbarer Philokles, ihr
Herz mißkennet diesen Unterschied, wenn
auch, durch blendende Sophismen dahin ge-
rissen, ihr Geist denselben angenommen hätte.

Er scheinet mir doch sehr wahrscheinlich,
erwiederte Philokles. Wenn politisch gut
ist was den Staat, und wenn moralisch
gut ist was den Menschen bessert, so ist es
ja nicht ungereimt einen Unterschied zwischen den Eigenschaften zu machen, welche
für jenen Endzweck dienlich sind, und zwischen denjenigen, welche diesen befördern;
so ist es ja möglich, daß es eine politische

und eine moralische Tugend gebe, welche von einander verschieden sind.

Und welche von einander getrennet werden können? fragte Aristus mit einiger Lebhaftigkeit.

Vielleicht, versetzte Philokles.

Daß die moralischen Tugenden bestehen können, ohne sich zu den politischen zu erheben — ist eine ganz natürliche Sache, antwortete Aristus; und daß ein einzelner Mensch einige politisch gute Eigenschaften besitzen könne, ohne eben sittlich gut zu seyn, das hat auch seine Richtigkeit; daß aber eine Art dieser Tugenden einen Staat beglückseligen könnte, wenn die andere darinn mangelte, und insonderheit, daß die politische Tugend ohne die moralische bestehen könne — dieses kömmt mir ganz unmöglich vor. Was verstehen Sie aber durch politische Tugenden?

Diejenigen, welche den Staat blühend und mächtig machen, sagte Philokles: Die Tapferkeit, die Ehrbegierde und die Emsigkeit der Bürger; und insonderheit die

Weisheit und die Wachsamkeit der Beherrscher, welche sowohl die Tugenden, als
die Laster und die Schwachheiten der Bürger, zu der allgemeinen Wohlfahrt in eine
glückliche Harmonie ordnen.

Und diese sollten ohne die moralischen Tugenden einen Staat glücklich und blühend
machen, fragte Aristus wiederum? Ohne die
Religion, ohne die Mäßigkeit, ohne die
Enthaltsamkeit, ohne die Reinigkeit der
Sitten, ohne die Ordnung der Begierden,
ohne die Mäßigung der Leidenschaften.

Ich halte es nur für wahrscheinlich, erwiederte Philokles. Ich habe diese Frage
deßhalben aufgeworfen, um Ihre Gedanken
darüber zu vernehmen. Sie haben mich niemals hartnäckig gefunden — Auch itzt werde ich Ihnen mit Freuden nachgeben, wenn
Sie mich überzeugen.

Sie können es desto eher thun, versetzte
Aristus, da Sie keine Gründe haben, die
moralischen Tugenden aus dem Staate verbannet zu wünschen. Sie dürfen nicht vor
andrer Tugenden erröthen, da sie selbst tu-

gendhaft ſind. Wir wollen alſo, wenn es
ihnen ſo beliebet, unterſuchen, wie jene groſ=
ſen und verehrungswürdigen Eigenſchaften in
einem Staate beſtehen könnten, welcher von
den übrigen, wenn ich ſo reden darf, ge=
meinen und pöbelhaften Tugenden entblöſſet
wäre.

Was wollen Sie, fuhr **Ariſtus** fort, von
dem **Muthe** eines Volkes hoffen, welches,
in der **Weichlichkeit** und in der **Wohlluſt**
ertrunken, und durch die **Unmäßigkeit** ent=
nervet, jede Mühe ſcheuet und vor jeder Ge=
fahr zittert; für welches jede Ungemächlich=
keit ein Uebel iſt, und das keine Güter
kennet, als flüchtige und vorübergehende Er=
götzlichkeiten und Vergnügen. Menſchen,
welche am Gemüthe wie am Leibe ſchwach
ſind; welche gegen ihr Vaterland, gegen ih=
re Weiber, gegen ihre Kinder, gegen ihre
Väter, gegen ihre Verwandten diejenige
Liebe nicht fühlen, ſo die Natur wohlgear=
teten Herzen eingepflanzet hat: Menſchen,
welche nur an ſich ſelbſt und an ihre kindi=
ſchen Freuden zu denken fähig ſind; ſolche

erniedrigte Menschen, wie könnten sie anders als feig und furchtsam seyn. Wir wollen uns hingegen ein tugendhaftes und unverdorbenes Volk vorstellen, ein Volk, welches Ueppigkeit, Ausgelassenheit und unordentliche Wohllüste nicht beflecket haben. Eine der Natur gemässe Lebensart hat dasselbe vor der Weichlichkeit verwahret. Arbeit und Mäßigkeit haben es am Leibe wie am Gemüthe gestärket. Jeder Bürger empfindet da gegen seine Gattinn, gegen seine Eltern, gegen seine Kinder, gegen seinen Fürsten, gegen sein Vaterland, was edle und männliche Seelen gegen dieselben empfinden sollen. Wie tapfer und wie muthig wird nicht eine solche Nation seyn! Ich bin weit entfernet, die Verfassung des spartanischen Staates mit demjenigen Enthusiasmus zu bewundern, mit welchem dieselbe so oft angepriesen wird. Ich würde aber dennoch die Tapferkeit eher zu Lacedämon als zu Sybaris suchen. Welch ein Unterschied zwischen dem Rom der Camillen und der Scipionen, und demselben der Cäsarn.

ganze Heere von unerschrockenen Kriegern
ergoſſen ſich zu jener Zeiten aus deſſelben
Thoren, um den halben Erdkreis in Angſt
und Schrecken zu ſetzen. Ein paar Jahr=
hunderte ſpäter zitterte es, ſo bald nur ei=
nige Legionen ſich ſeinen Mauern näherten,
oder ſo bald innert denſelben ſich das Ge=
rücht ausbreitete, daß ſich von ferne einige
Schwärme Barbaren blicken lieſſen. Die
italiäniſchen Feldzüge der Franzoſen und
der **Eidsgenoſſen** ſind nicht weniger rüh=
rende Beyſpiele, wie ſehr die Wohlluſt und
die Laſter auch die unüberwindlichſten und
die roheſten Völker entmannen können.

So wenig als ein **wahrer Muth**, ſo we=
nig hat, **theuerſte Freunde**, die **wahre
Ehre** bey einem in der Weichlichkeit und in
den Lüſten ertrunkenen Volke Platz. Wie
ſollten ſchwache und verdorbene Herzen ih=
re Liebe und ihre Verehrung Geſinnungen
und Thaten ſchenken, welche, weit über ih=
re Sphäre erhoben und der allgemeinen
Wohlfahrt geheiliget, nur wahrhaftig groß

(I. Theil.)   Ω

se Seelen rühren können. Die Ausgelassen=
heit, die Ueppigkeit, und die Habsucht ihre
getreue Gefährtinn und Handlangerinn, er=
niedrigen die Geister, und machen sie unfä=
hig etwas anders zu schätzen und zu bewun=
dern, als was ihren verdorbenen Begriffen
schmeichelt: Reichthümer, Pracht, Glanz,
Ueberfluß, Niedlichkeit, eitle und blendende
Gaben, falscher Witz fesseln ihre Sinnen und
ihre Phantasie, und löschen bey ihnen jedes
Gefühl der erhabenen Vorzüge aus, in wel=
chen die wahre Würde und die wesentliche
Glückseligkeit der Menschheit bestehet. Ein
vortrefflicher Comödiant erwecket bey einem
solchen Volke eine eben so grosse Bewunde=
rung als ein grosser Heerführer; ein erleuch=
teter Weltweiser erlanget da keine grössere
Hochachtung als ein geschickter Tänzer; ei=
ne Sängerinn singt göttlich, und ein Bi=
schof predigt artig. Da wird die wahre Tu=
gend gänzlich verkennet, und da reisset jedes
kleine Talent, wenn es nur glänzet, die dem
rühmlichsten Verdienste gebührende Ehre an
sich. Was soll bey einem solchen Volke aus

der Ehrbegierde werden: Wie wenig wird
da dieser Trieb die Glückseligkeit und das
Ansehen des Staates befördern? Wie sehr
wird er nicht desselben Elend erhöhen und
vermehren? Wie glücklich hingegen würde
nicht ein Volk seyn, aus welchem das Laster, die Ueppigkeit, und die Ausgelassenheit verbannet wären, wo die sittlichen Tugenden triumphiereten, und wo die Gottse-
ligkeit, die Keuschheit, die eheliche Liebe,
die Enthaltsamkeit, die Mäßigkeit, die Wohlthätigkeit, die Bescheidenheit, und eine
wohlgeordnete Liebe alles dessen was schön
und gut ist, die Herzen der Bürger beseelete. Bey einem solchen Volke allein kann
die Ehrbegierde wahrhaftig nützlich, wahrhaftig des Menschen würdig werden. Da
alle Hinternisse gehoben seyn würden, welche ihre Wirksamkeit von dem allgemeinen
Besten abführen, so würde nichts mehr die
glücklichen Einflüsse der grossen Fähigkeiten
vergiften; so würde nichts mehr dieselben zu
Werkzeugen des allgemeinen Elendes machen.

Die Emsigkeit hat hingegen, fiel hier

Philokles dem Aristus in die Rede, von
den moralischen Tugenden sich wenig Unter=
stützung zu versprechen. Sie würde bald er=
löschen, wenn alle Menschen sich in den
Schranken der Bescheidenheit und der Mäs=
sigung hielten, welche diese moralische Tu=
gend ihnen vorschreibet. Indessen sind doch
Gewerbe, Manufacturen, Handelschaft,
Reichthümer, die einzigen Grundsäulen der
Macht und der äusserlichen Wohlfahrt der
Staaten. Was unterhält anders die Ge=
werbsamkeit und den Ueberfluß, als der
Pracht und die Ihnen, mein liebster Freund,
verhaßte Ueppigkeit? Da müssen Sie doch
gestehen, daß, was moralisch nicht gut ist,
es politisch werden könne — indem ohne die=
ses moralische Uebel der Kreislauf des Fleis=
ses und des Geldes sich stecken, die Staaten
sich entvölkern und die Menschen in ihre ur=
sprüngliche Barbarey zurückfallen würden.

Das wären freylich, erwiederte Aristus,
sehr traurige Folgen der Tugend. Wenn
die Menschen nicht anders von der Barba=
rey befreyet bleiben könnten, als durch eine

unveränderliche Verderbniß, so wäre es für das menschliche Geschlecht besser, daß es nie aus derselben gezogen worden wäre. Allein, mein werthester Freund! so ein blendendes Ansehen dieses Vorgeben hat, so wenig ist es gegründet. Die Erfahrung widerspricht demselben eben so sehr als die Vernunft. Beyde belehren uns, daß die Ueppigkeit und ein ungeheurer Aufwand einen Staat in die Armuth versetzen, daß sie die Anzahl der Glücklichen in demselben vermindern, und daß sie, wie der würdige Dr. **Brown** (*) sehr wohl beobachtet hat, die Bevölkerung eher hemmen als befördern. Was für ein Schauspiel bieten uns diejenigen Staaten dar, welche nach dem Sinne dieser falschen Weisheit am blühendsten seyn sollen? Sehr Wenige in der Hoheit, in dem Ueberflusse, und Millionen arm, darniedergedrückt, elend. Versetzen wir uns hingegen aus diesen unseligen Wohnstätten der Verderbniß in Länder, wo eine weise Regierung die

(*) Der Verfasser der **Würdigung der englischen Sitten.**

Gottesfurcht, die Bescheidenheit, die Mäs=
sigkeit, die Enthaltsamkeit herrschen ma=
chet; welch einen glücklichen Unterschied
werden wir nicht da finden! Wir dürfen
gar nicht befürchten, daß da die Künste
und die Gewerbe darnieder liegen werden.
Die Tugend und die Ordnung begünstigen
dieselben unendlich mehr als die Ueppigkeit
und die Unordnung. Wie sie die Geister
erhöhen und erleuchten, so bevestigen sie, so
verbreiten sie auch den Geschmack der Schön=
heit und der Harmonie. Sie schränken die
zerstöhrenden und verderblichen Lebensarten
ein. Sie begünstigen alle nützlichen Beru=
fe, und gewähren der Landwirthschaft,
der Grundlage aller andern, die Ehre
und die Aufmunterung, welche ihr als der
ersten Quelle und dem unentbährlichsten
Werkzeuge des öffentlichen Wohlstandes ge=
bühren. Sie geben dem Staate anstatt fei=
ger und schwacher Bürger männliche und
starke. Sie vermindern in den untersten Claß=
sen des Volkes die Anzahl der Elenden, und
vermehren in den obern dieselbe der Glück=

lichen. Ich bin weit entfernet, den Pracht, den Aufwand und die sinnlichen Annehm=lichkeiten aus dem Staate zu verbannen. Ich sehe dieselben so gar für unabsönderli=che Folgen, für glückliche Werkzeuge eines blühenden und selbst in den Augen des Wei=sen erwünschlichen Zustandes an. Aber sie können es nur alsdann seyn, wenn, höhern Absichten untergeordnet, sie von der Tugend beseelet werden, indem hingegen Ueppigkeit, Ausgelassenheit und Schwelgerey jeden wah=ren Vorzug, jedes wahre Gute zernich=ten, und den Wohlstand jedes einzelnen Bürgers, wie denselben der ganzen Ge=sellschaft nach Maaßgabe ihrer Ausbreitung und ihrer Stärke hemmen. So sehr ein verblendeter und verblendender Witz sich be=mühet, diese so richtigen und gründlichen Beobachtungen zu bestreiten, so wenig wird er doch jemals dieselben zernichten. Um=sonst suchet er unsre Begriffe zu verwirren. — Umsonst suchet er jede Erhöhung und jede Ausbreitung der Vergnügen, welche die Sinnen und die Einbildungskraft dem Men=

schen gewähren, mit dem nämlichen Worte zu
bezeichnen, mit welchem die Alten den
schädlichen Mißbrauch derselben auszudrücken
pflegeten. (*) Die Ueppigkeit und der übertriebene Genuß der sinnlichen Güter, der
Annehmlichkeiten und der Bequemlichkeiten
des Lebens, werden immer ein Uebel und ein

(*) Luxus, le luxe. Das deutsche Wort
Ueppigkeit drücket dieses ursprünglich la-
teinische Wort sehr wohl aus. Ueppig,
luxurians, ist an einer Sache alles, was daran auf eine ihr selbst oder andern schädliche
Art überflüßig ist. Hingegen dähnen einige
Neuern die Bedeutung dieses Wortes auf alles aus, was die Natur nicht nothwendig erheischet: Queis natura sibi non dolet negatis.
Daher kommen so viele weitschweifige Decla-
mationen für und wider den Luxus, ein
Wort und einen Begriff, so man hat adeln
wollen, um ohne zu erröthen dafür zu fechten. Eine genaue und bestimmte Erklärung
hätte allem vorgebogen. Aber aus deutlichen
Begriffen läßt sich nur das erweisen, was die
Vernunft wahr findet, nicht aber was ein
blendender Witz so finden möchte.

sehr verderbliches Uebel verbleiben. So bald
der Mensch die Schranken überschreitet,
welche die Natur seinen Kräften und die Vernunft dem Gebrauche vorschreiben, welche
er davon machen soll; so bald er einer eingebildeten Bedürfniß eine wirkliche, einem
unedlern Vergnügen ein edleres, und einer niedrigen und eingeschränkten Absicht eine erhabnere und gemeinnützigere aufopfert,
so bald läuft er Gefahr, sich und andre unglücklich zu machen.   Dieses sind die Wirkungen der Ueppigkeit, oder, wenn Sie
wollen, dieses so gepriesenen Luxus. Und
dieser sollte ein kostbares Werkzeug des öffentlichen Wohlstandes seyn? Nein, theuerste Freunde! Er kann nichts anders als die
Schwäche des Staates und das Elend der
Bürger vermehren.   Die der Tugend unter-
geordrete Emsigkeit hingegen allein befördert
den wahren Wohlstand des Bürgers und die
Grösse des Staates.   Ohne dieselbe kann
die Emsigkeit lange nicht auf denjenigen Grad
gebracht werden, auf den sie durch ihre
wohlthätigen Einflüsse sich erheben kann.

Welch ein Unterschied soll nicht sich zwischen
dem Ackerbaue und dem Zustande zweyer
Dörfer befinden, wovon das eine von einem
unmäßigen, wohllüstigen und zanksüchtigen,
das andere aber von einem nüchternen, or=
dentlichen und friedfertigen Volke bewohnet
wird? Durch was für Arbeiter kann jede
Fabricke besser bestehen; durch fleißige, be=
scheidene, mäßige, oder durch träge, unge=
stüme, verschwenderische? Was für Hand=
werksleute werden einem Staate und dessen
Gewerbsamkeit beförderlicher seyn; arbeitsa=
me, sparsame, nüchterne; oder solche, wel=
che der Trägheit, der Verschwendung und
den Lüsten ergeben sind? Welche Bürger
werden einen grössern, einen für die Auf=
munterung der Emsigkeit vorträglichern Auf=
wand machen können; diejenigen, welche
in der Unordnung und in der Schwelgerey
ihre Mittel geschwind aufzehren und ihre
Kinder in die Armuth stürzen; oder diejeni=
gen, welche durch eine weise Haushaltung
und durch eine ordentliche Aufführung sich
und die Ihrigen in dem Stande erhalten

werden, ihren Umständen angemessene Ausgaben in einer ununterbrochenen Dauer fort-
zusetzen?

Unter den politischen Tugenden haben
Sie, werthester Philokles, noch die Weisheit und die väterliche Liebe genannt, mit
welcher die Beherrscher und die Führer der
Völker für das allgemeine Beste wachen
sollen. —— Und diese sollten ohne die moralische Tugend bestehen können? Durch
diese sollten die Obern ihren Untergebenen
alle Last der Tugend abnehmen; mit einer
mehr als menschlichen Einsicht, und mit einer beynahe göttlichen Kraft sollten sie aus
dem ungeheuern Chaos einer allgemeinen Zerrüttung und einer äussersten Schwachheit,
Ordnung, Stärke und Glückseligkeit erschaffen. Was eine verwegene Philosophie der
Gottheit selbst abspricht; was sie der alles
umfassenden Vorsehung selbst unmöglich glaubet, das fordert sie von der Schwachheit und
von der Blindheit des menschlichen Geistes;
ohne zu bedenken, daß ihre Forderungen
noch chimärischer und noch ungereimter sind,

als alle platonischen Träume, welche sie so
auslachenswürdig findet.　Einige ganz einfältige Betrachtungen werden uns den Un-
grund dieser Meynung fühlbar machen. Wie
werden wir unter einem durch die Wohllüste, die Weichlichkeit, die Habsucht, und
durch alle Arten der Eitelkeit erniedrigten
Volke die weisen Beherrscher und die tugendhaften Staatsbedienten finden, welche
alle ihre Gedanken und alle ihre Handlungen auf das allgemeine Beste richten sollen?
Werden diese durch ein Wunderwerk vor der
allgemeinen Seuche verwahret werden? Werden Sie nicht wie ihre Mitbürger ihre
gröste Glückseligkeit in den Wohllüsten, und
in den Werkzeugen derselben, den Reichthümern, suchen? Und wenn diese niedrigen Leidenschaften ihre Gemüther tyrannisieren —
wie sollte darinn die Liebe des allgemeinen
Besten herrschen können? Unfühlbar für das
was andre angehet, werden sie die ihnen
anvertrauten Völker ihren Lüsten und ihrer
Habsucht nachsetzen.　Unwissend, träg, ei-
gennützig, durch phantastische Ergötzlichkei-

ten zerstreuet, durch erniedrigende Gefühle
zur Arbeit und zum Denken unfähig gemachet, durch unbegränzte Bedürfnisse der Bestechung der einheimischen und der auswärtigen ausgesetzet: Wie sollten sie dem Staate die grossen Opfer gewähren, welche er
von ihnen fordert? Wie unglücklich muß
nicht ein verdorbenes Volk durch ihm ähnliche Vorsteher werden! Setzen wir aber
auch, was wir ohne Bedenken für höchst
unwahrscheinlich ansehen können, daß ein
wohllüstiges, eitles und verwöhntes Volk
Männer an seiner Spitze habe, welche in
dem reichesten Maasse mit allen Tugenden
ausgerüstet seyn; wie sollte es denselben
möglich seyn, unter einem solchen Volke weise und wohlthätige Absichten zu erreichen;
aus lauter verdorbenen Materialien ein ve-
stes und dauerhaftes Gebäu aufzuführen;
aus Menschen die lauter Elend und Unordnung im Busen nähren, einen glücklichen
und blühenden Staat zusammenzusetzen?
Nein, theuerste Freunde, dieses ist unmöglich. Wenn nicht die Tugend und die Weis-

heit der Obern die Denkungsart und die Sitten solcher Bürger gänzlich umgiessen, so müssen sie aller Hoffnung eines glückli= chen Erfolges gänzlich entsagen. Die Ord= nung muß zuerst in den Herzen und in den Häusern der Bürger vestgesetzet seyn, ehe sie in dem Staate herrschen kann; und ohne dieselbe ist weder für den Menschen noch für den Staat ein wahrer Wohlstand möglich.

Aus dieser kostbaren Quelle allein flies= sen Glückseligkeit und Ruhe. Es wird uns erlaubet seyn zu dichten, so gut als jenen epikureischen Träumern, welche wider alle Grundsätze der Vernunft dem Zufalle das Recht zueignen, Harmonie und Vollkom= menheit aus lauter Widerspruch, Verderb= niß und Mangel zu erzielen. Wir wollen uns für einen Augenblick einen Staat vor= stellen, in welchem die Tugend und die Mä= ßigung der Bürger der Weißheit und der Wohlthätigkeit der Beherrscher entsprechen — Wir werden bald in einem Hause seyn, wo lauter Ordnung herrschet -- Uns indessen mit dem reizvollen Gedanken eines Staates

unterhalten, welchen diese göttliche Voll=
kommenheit beglückseligen würde, ist die an=
genehmste und die würdigste Vorbereitung
auf ein solches Vergnügen.

Sie sind wieder in ihrer enthusiastischen
Laune, mein lieber Aristus, sagte hier Phi=
lokles; und es freuet mich für uns alle. –
Nichts gleichet dem Vergnügen, welches ich
empfinde, wenn Sie uns mit sich in ange=
nehme Schwärmereyen dahinreissen. – Aber,
erlauben Sie mir auch zu erinnern, daß
die Schwärmerey nicht immer, oder vielmehr
daß sie selten zur Wahrheit führet.

Nicht jede Hitze ist Schwärmerey, mein
lieber Philokles; und die meinige ist es
nun gewiß nicht. Wehe dem Manne, wel=
cher die erhabne Schönheit der Tugend und
der Ordnung kaltsinnig betrachten oder be=
schreiben kann!

Es war nicht so übel gemeynt, mein lie=
ber Philokles. Fahren Sie fort. Ich sehe
schon, daß unsre Freunde über meine Schwatz=
haftigkeit ungeduldig werden, weil sie ihr
Vergnügen verzögert.

Ich habe sehr oft, fuhr Aristus fort, mich mit diesem reizvollen Gedanken eines Staates unterhalten, in welchem die Ordnung herrschen würde; und allemal hat derselbe meinen Geist mit der kostbarsten Wohllust überströhmet. Ich wünsche nichts so sehr, als Ihnen, theuerste Freunde, dasselbige Vergnügen zu gewähren.

Die drey Hauptleidenschaften, welche sonst mit verheerenden Fluthen das ganze Feld der Menschheit gleich dem unbezähmten Strohme überschwemmen den wir hier vor uns sehen, fliessen da sanft und ruhig in den von der Natur ihnen vorgeschriebenen Gränzen. Anstatt alles zu Grunde zu richten, befeuchten sie die Herzen mit ihren sanften und milden Einflüssen, und bereiten in denselben die Saamen der Tugend zu einer glücklichen Keimung. Die Ehrbegierde treibet jede starke und hohe Seele zu Handlungen an, durch welche die allgemeine Wohlfahrt befördert wird. Die Emsigkeit des geschäftigen Bürgers wird durch das kostbare Gefühl der Wohlthätigkeit ver=

edelt, welches ihm den Ueberfluß, so sie ihm
gewähret, durch das Gute so er andern er=
weiset weit schätzbarer machet, als durch das=
jenige so er selbst geneußt.   Die Wohllust
schränket sich in einen engen Kreis unschuldi=
ger und reitzvoller Gefühle ein.   Wie un=
schmackhaft und reitzlos sind aber nicht in
Vergleichung mit denselben die ausschweifen=
den Begierden, welche über das ganze Le=
ben eines Menschen, und oft über das Schick=
sal seiner Nachkommenschaft, die unseligsten
Folgen ausbreiten.   Die Ungerechtigkeiten,
welche der Schwelgerey und der Ueppigkeit
unentbährlich sind, verschwinden aus dem
glücklichen und wohlgeordneten Staate. Ru=
he und Zufriedenheit beseelen alle Herzen
und alle Familien.   Kein Vater fürchtet
durch die Unordnungen seiner Kinder zu Grun=
de gerichtet zu werden; und nie berauben die
Eitelkeit und die Unenthaltsamkeit der Ael=
tern, die Kinder der Erziehung, die ihnen die=
selben bey ihrem Leben schuldig sind, und
der Mittel auf welche sie nie hoffen sollen, die

(I. Theil.)   R

aber ohne Ungerechtigkeit ihnen nicht entzogen werden können. Wir sehen nichts als
gehorsame und wohlerzogene Kinder, tugendhafte Frauen, weise Mütter, glückliche
Väter. Wir sehen nichts als Friede, Ordnung und Wohlstand, aus den Häusern der
Bürger sich über den ganzen Staat ausbreiten. Wir sehen nichts als Ruhe und Zufriedenheit, von der öffentlichen Verwaltung
über jede Familie, und über jeden Bürger
zurückströhmen. Die Beherrscher und ihre
Diener sehen die Wohlfahrt und die Liebe
ihrer Bürger als die einzigen Quellen ihrer
eigenen Hoheit und ihrer eigenen Glückseligkeit an, und die Bürger belohnen mit der
zärtlichsten Treue und mit der feurigsten Verehrung die Mühen einer Regierung, welche
kein anderes Vorrecht kennet und schätzet,
als dasselbe, sie glücklich zu machen. Jeder
Bürger siehet sich selbst in der äussersten Gefahr, so bald innerliche oder äusserliche Gewalt die Verfassung oder die Verwaltung
des Staates bedrohen. Jeder siehet die Fe-
stigkeit und die Unverletzlichkeit derselben für

seine eigene Sicherheit an. Jeder liebet seinen Zustand, und jeder ist bereit, sein Leben
für dessen Erhaltung aufzuopfern.

So knüpfet die moralische Tugend das fe-
steste Band der Liebe, des Vertrauens und
der Einigkeit zwischen der Regierung und
den Bürgern; so ist sie das wirksamste Werkzeug des öffentlichen Wohlstandes und der
allgemeinen Sicherheit; so ist ohne sie die
politische Tugend ein Unding, ein lärer und
eitler Schatten; oder besser zu sagen, die
liebenswürdige Tugend ist untrennbar. Die
politische und die moralische sind dasselbige
Wesen unter verschiedenen Namen. Wer sie
von einander unterscheidet, wer sie von einander trennet, zernichtet die eine wie die
andere.

Es ist also eine ewige und unwandelbare
Wahrheit, daß die Macht und die Glückseligkeit eines Staates niemals grösser seyn
können, als die Tugend seiner Bürger und
seiner Beherrscher. So verdorben die meisten Staaten seyn mögen, welche wir kennen, so haben sie doch das Maaß von Wohl-

stande so sie geniessen, der Tugend und der
Weisheit allein zu verdanken, welche durch
diese wohlthätigen Ausflüsse beweisen, daß
sie noch nicht, wie schwermüthige Dichter und
milzsüchtige Philosophen träumen, die Erde
gänzlich verlassen haben.   Nein, theuerste
Freunde, die Zeiten sind so schlimm nicht
wie man sie uns bisweilen auf der Canzel
schildert; und die Tugend, wenn sie schon
unter den Menschen sich seltener blicken läßt,
als es für das Heil derselben zu wünschen
wäre, ist doch nicht ganz fremde unter denselben.

Schinznach,
neunte Unterredung.

Wegreise und Rückkunft des Aristus. Grundsäze
einer guten Verfassung. Entwurf einer solchen. Vortheile derselben.

Nach dem so angenehmen Spaziergange,
welchen wir auf den reizenden Landsitz des
tugendhaften Greisen gemachet hatten, wurden unsere philosophischen Unterhaltungen
unterbrochen. Aristus machte mit dem Eukrates eine Reise nach Baden, um einen
Freund zu besuchen, welcher sich allda befand; und Philokles hatte selbst Besuch von
einigen Verwandten, denen er aus Höflich-
keit alle seine Zeit wiedmen mußte. Die
zween Jünglinge und ich besucheten ordent-
lich des Morgens und des Abends entweder
den angenehmen Hain, oder den reizenden
Hügel, welche wir unendlich verschönert fanden, seitdem wir da aus dem Munde des
Aristus so viele lehrreiche Sachen gehöret

hatten. Wir unterhielten uns mit eben den=
selben Gegenständen, und wiederholeten je=
desmal eine der Unterhaltungen von denen
wir Zeugen gewesen waren. Diese Wieder=
holungen gewähreten uns beynahe eben so
viel Vergnügen als die erste Anhörung, und
ohne dieselbe werde ich nicht im Stande seyn,
Ihnen, theuerster Theokles, eine so getreue
Geschichte unsrer Unterredungen zu liefern.

Nach einer Abwesenheit von fünf Tagen,
kam Aristus wieder zurücke. Wir giengen
ihm mit einer sehnsuchtsvollen Ungeduld ent=
gegen. Wir waren frühe weggegangen, um
ihn desto eher anzutreffen. Philokles war
noch mit seinen Gästen beschäftiget, und also
waren wir drey alleine. Da wir alles wie=
der durchgangen hatten, was wir von Ari=
stus gehöret hatten, so unterhielten wir uns
nun von demjenigen, was wir noch zu er=
warten hätten. Wir wußten, daß Philo=
kles an dem Tage da wir nach W** gien=
gen, noch von einer Forderung geredt hat=
te, welche wir an den Aristus zu machen
hätten. Wir waren aber nicht einig, wo=

rinn dieſelbe beſtühnde. Theon muthmaſſe=
te, es wäre noch darum zu thun, wie zwi=
ſchen den Perſonen, welchen die Sorge für
die öffentliche Wohlfahrt anvertrauet iſt, die
verſchiedenen Aeſte des Anſehens vertheilet
werden ſollen, damit nicht Unordnungen oder
Ungerechtigkeiten in dem Staate entſtühn=
den. Charidemus hingegen, welcher ſchon
einige Zeit auf einer Univerſität zugebracht,
und daher auch ſchon mehr Vorurtheile in
dem Kopfe hatte als Theon, behauptete, die=
ſes könne nicht ſeyn. Die Majeſtät wäre,
nach der Meynung der Rechtslehrer, ein un=
theilbares Weſen. Es könne kein Theil der=
ſelben von dem andern getrennet werden:
Sie wohne in ihrer ganzen Fülle, (*) bey
dem Beherrſcher oder bey der Regierung:
Die geſetzgebende Gewalt ſowohl als das
richterliche Amt wären nur Ausflüſſe von der=
ſelben, welche ſie wohl für eine Zeit andern
anvertrauen, die aber als ihr weſentliches
Eigenthum ſie immer nach Belieben wieder
an ſich ziehen könnte: Der Fürſt wäre zu=

(*) Plenitudine.

gleich auch der Richter und der Gesetzgeber
seines Volkes: — Der Unterschied der Re-
gierungsformen hätte in die wesentliche Wohlfahrt der Menschen einen sehr geringen Einfluß: Ein ganzes Volk wäre meistentheils
ein schlechterer Beherrscher, und oft ein ab-
scheulicherer Tyrann, als der unumschränk-
teste Despote: Die Freyheit bestühnde nicht
in dem eiteln Rechte sich selbst zu beherrschen, sondern in dem ungehinterten Genuß-
se jedes Gutes, zu welchem die Natur jeden Menschen berechtiget: Wenn ihm dieser
gelassen würde, so würde er unter einem
Despoten eben so frey seyn, als in einer demokratischen Verfassung: Die Tugend der
Beherrscher mache allein die Glückseligkeit
des Staates aus. Theon versetzete hierauf,
er fände sehr viel scheinbares in dem Satze
des **Charidemus:** Er wäre nicht im Stande,
denselben zu widerlegen; allein er wäre noch
nicht davon überzeuget. Er gebe zu, daß
die Tugend auch die schlimmste Verfassung
verbessere, und daß das Laster auch die beste verderben könne: Er glaube aber, daß

die Tugend nicht in allen Verfassungen gleich
möglich, und daß diejenige die beste wäre,
in welcher die meisten Bürger zu tugendhaf=
ten und gemeinnützigen Handlungen die mei=
sten Anlässe hätten; und bey einer vernünf=
tigen Austheilung des Ansehens allein wäre
dieses möglich. Ich fand mich nicht stark
genug, diesen schweren Streit zwischen den
zween Jünglingen beyzulegen. Mein Herz
war auf Theons Seite; aber die Gründe
des Charidemus kamen mir auch nicht ganz
verächtlich vor. Ich that deßhalben den
Vorschlag, wir wollten die Sache aussetzen,
bis wir den Aristus antreffen würden; und
die beyden Jünglinge fielen mir bey. Wir
setzeten unsern Weg unter allerhand angeneh=
men Gesprächen fort, und kamen unver=
merkt bis nach Königsfelden. — Wir setze=
ten uns unter die liebliche Linde, welche den
Eingang des Closters zieret. Nachdem wir
eine halbe Stunde ausgeruhet hatten, ka=
men auch Eukrates und Aristus da an.
Sie sprangen, so bald sie uns sahen, aus der
Kutsche, und wir eileten in ihre Arme. —

Nach einigen allgemeinen Fragen und Ant=
worten fragte Eukrates, wie es um unsre
Philosophie stühnde, und ob wir seither den
angenehmen Hügel oft besuchet hätten? ——
Wir legeten sodann von der Art, wie wir
unsre Morgen und unsre Abende zugebracht
hatten, Rechnung ab; und ich erzählete zu=
letzt den kleinen Streit, welcher sich eben
zwischen unsern zween jungen Philosophen
erreget hatte. Sie baten beyde den Aristus
um die Entscheidung desselben. Der wür=
dige Mann sagte, er wollte uns seine Ge=
danken hierüber eröffnen, nachdem er in
Bruck einen kleinen Besuch gemacht haben
würde. Er schickte seine Kutsche fort, gieng
in die Stadt, kam nach einer Viertelstunde
wieder, und spatzierte sodann mit uns zu=
rücke. Eukrates forderte ihn alsobald auf,
das Versprechen zu erfüllen, das er uns
eben gethan hatte. Mit Vergnügen, sagte
er, und ich thue es lieber gleich itzund, in=
dem mein lieber Eukrates weiß, daß ich nur
noch einen Tag in Schinznach zu bleiben
habe. Die Jünglinge seufzeten über diese

traurige Nachricht, und meine Bestürzung war der ihrigen gleich. . .

Es ist unstreitig, fuhr Aristus fort, daß in einem gewissen Sinne die Majestät untheilbar ist, oder daß kein Theil der Sorge für den allgemeinen Wohlstand von dem andern getrennet werden könne. Die Regierung, die Gesetzgebung und das Richteramt sind so enge mit einander verknüpfet, daß keines ohne das andere bestehen kann. Derjenige Staat würde bald in die Anarchie oder in die Sklaverey verfallen, in welchem eines oder das andere dieser wichtigen Werkzeuge der öffentlichen Wohlfahrt mangeln würde. Es ist aber keine Folgerung hievon, daß sie alle einer Person oder einem Staatskörper allein anvertrauet werden müssen. Es ist im Gegentheile der Vernunft weit angemessener, daß sie nicht auf einer einzigen physischen oder moralischen Person beruhen. Das Land kann nicht anders als unglücklich seyn, in welchem das Volk zugleich Fürst, Gesetzgeber und Richter ist. Dasjenige muß es nicht weniger seyn, wo

alle diese groſſen Obliegenheiten einer einzigen Geſellſchaft, von Patriciern oder von andern durch die Geburt oder die Wahl beſtimmten Perſonen, ausſchlieſſend anvertrauet
ſind; und es iſt nicht anders möglich, als
daß dasjenige Volk, welches dieſelben ohne
Einſchränkung einem einzigen Menſchen anvertrauet, ſich der äuſſerſten Gefahr aus-
ſetze. Jeder Deſpotismus iſt erſchrecklich,
derſelbige der Monarchie, derſelbige der
Demokratie, und vielleicht noch mehr als
dieſe beyden, derſelbige der Ariſtokratie. Es
iſt freylich wahr, daß Rechtsgelehrte, und
groſſe Rechtsgelehrte, die Meynung behauptet haben welche dem Charidemus vorzüglich gefällt. Es iſt auch leicht zu begreifen,
warum, und ein weiſer Engelländer (*)
hat ſehr wohl angemerket, daß wenn die
Peſt Ordensbänder und Gnadengelder aus-
zutheilen hätte, ſie Gottesgelehrte und
Rechtslehrer genug finden würde, welche
feig genug wären zu beweiſen, daß ihre
Macht die Folge einer göttlichen Verord-

(*) Gordon.

nung, und daß es ein Hochverrath sey, sich
ihren schädlichen Einflüssen zu entziehen. (*)
Es ist auch sehr wahrscheinlich, daß der
Despotismus der Monarchie den übrigen
vorzuziehen seyn würde; weil es eher möglich ist, daß ein einziger Mensch weise und
tugendhaft, als daß unter einer ganzen Menge die Mehrheit gut sey. Allein in was für
Händen er seyn mag, so kann er nach dem
gewöhnlichen Laufe der Dinge nicht anders,
als die Beherrscher sowohl wie die Bürger
unglücklich machen.

Es ist ganz natürlich, daß bey den ersten
Anfängen der Staaten alle Hoheitsrechte
vermischet gewesen seyn. Erst nach Maaßgabe der sich allmählich ausbreitenden Erleuchtung wurden die Menschen fähig zu
empfinden, wie nöthig eine weise Vertheilung derselben wäre. Die alten Gesetzgeber

(*) Die Kinderpocken sind eine Art von Pest;
und vielleicht die einzige welche Vertheidiger
gefunden hat, die ihre verheerende Gewalt
als eine göttliche Verordnung angepriesen haben: Sie geben aber auch manchem zu leben.

verschiedener Staaten haben diese Nothwen=
digkeit sehr wohl eingesehen; und die spar=
tanische Republik, in welcher diese Verthei=
lung wohl am weisesten eingerichtet gewesen
seyn dürfte, war auch diejenige, welche
ihren innern Ruhestand am längsten und am
unverrücktesten erhalten hat. Rom und Athen
waren hingegen immer durch die abscheu=
lichsten Unordnungen zerrüttet. Die Bürger
empfanden die Nothwendigkeit dieser Ver=
theilung; aber weil ihre Gesetzgeber dieselbe
unbestimmt gelassen hatten, so riß bald ei=
ne Parthey, bald eine andre, einen Theil
der höchsten Gewalt oder alle an sich, nach=
dem jede die stärkste war. Bey den neuern
ist dieser Theil der Staatskunst unendlich
mehr angebauet worden. Wenn schon viel=
leicht nicht drey Staaten auf der Erde sind, in
welchen die Gesetze diese Rechte mit einer
weisen Haushaltung deutlich bestimmet ha=
ben, so ist sie doch durch das Herkommen
fast in allen europäischen Staaten mehr oder
minder eingeführet. Selbst in Frankreich,
welches so viele aus Unwissenheit für ein de=

spotisches Reich ansehen, ist dem Könige
die Regierung zwar ausschliessend eigen:
Hingegen ist das Richteramt allda, obgleich
es anders nicht als in dem Namen des Monarchen verwaltet wird, eigentlich von der
Willkühr desselben unabhängig (*); und er
übergehet in der Ausübung der gesetzgebenden Gewalt niemals seine Gerichtshöfe, welchen es obliegt, in allen Anliegenheiten dieser
Art die Stelle des Volkes zu vertreten. Es
ist vielleicht kein Staat in Europa, wo nicht

(*) Das Richteramt ist in diesem Königreiche
durch einen Umstand unabhängiger geworden,
welcher ganz aus einem andern Grunde ge-
flossen ist. Die Verkäuflichkeit der Stellen in
den Parlamenten wird insgemein als eine sehr
verderbliche Einrichtung angesehen. Aber der
Mann, der ein Amt für sich oder für seinen
Sohn erkaufen kann, hängt vielweniger von
dem Hofe ab; er kann viel eher ein guter Bürger und ein muthiger Verfechter des Volkes
seyn, als derjenige, der ein solches von einem Minister, von einer Maitresse, oder von
dem Fürsten selbst erbetteln muß.

das Herkommen oder die Gesetze ähnliche
Einrichtungen eingeführet haben.

Die Rechtslehrer mögen also die Maje-
stätsrechte erklären und verknüpfen wie sie
wollen, so ist doch die Vertheilung derselben eine für die Wohlfahrt und die Vollkommenheit der Staaten unumgängliche Anstalt. Die Regierung, das Richteramt,
die Gesetzgebung müssen alle zu einem gleichen Zwecke übereinstimmen; aber sie sind
nur eins, wie es verschiedene Strahlen sind,
welche in einem gemeinsamen Mittelpunct
zusammentreffen müssen. Die Regierung
kann nur der Antheil von einem oder von
wenigen auserwählten Männern seyn, wenn
sie nicht den übrigen Gliedern des Staates
zur Last gereichen soll. Die Gesetzgebung
erheischet den Einfluß aller Theile eines Staates. Der herrschende soll billig hier auch
den seinigen haben, — aber derselbe soll nicht so
groß seyn, daß er den gehorchenden nach
Gutbefinden in dem Genusse seiner Güter
und seiner Freyheit einschränken könne. Das
Richteramt soll von beyden unabhängig seyn,

den einzigen Fall ausgenommen, wenn es
sich eine Abweichung von den Gesetzen er=
lauben sollte. In diesem Falle sollen durch
die Gesetze selbst die Wege verordnet seyn,
nach welchen die Regierung und die gesetzge=
bende Gewalt der Ungerechtigkeit des Rich=
teramtes gemeinsamlich zu begegnen ha=
ben. — Und auch dieses Richteramt soll bey
der Gesetzgebung niemals übergangen wer=
den. Alle drey Stände des Staates sollten
dabey vereiniget seyn.

Theon konnte sich nicht enthalten, seine
Freude über die Entscheidung des **Aristus**
zu bezeugen. Ich habe gesiegt, sagte er,
und Sie sind mit Ihren Rechtsgelehrten zu
kurz gekommen, mein lieber **Charidemus.**

Dieser antwortete ganz bescheiden: Ich
erröthe nicht über einen Irrthum den mir
meine Lehrer beygebracht haben; aber ich
würde erröthen, wenn ich, auf auswendig
gelernte Weisheit stolz, denselben nicht ab=
legen wollte. Ich will Ihnen mehr sagen,
mein lieber **Theon**: **Locke** und **Montesquieu**

(I. Theil.) S

sind bey mir so verehrungswürdig als alle
Professoren des Staatesrechtes; und ich
erinnere mich bey denselben ungefähr das
gleiche gelesen zu haben; obwohl ich nun
erst verstehe, was sie haben sagen wollen. Al=
lein diese grossen Männer hatten ihre Augen
fast immer auf die engländische Verfassung
gerichtet. Was mich bey ihren Lehren am
meisten irre machte, war, daß ich dieselben
nicht auf unsre kleinen Staaten anzuwen=
den wußte. — Für diese kann sich eine Ver=
fassung nicht schicken, die für ein grosses
Reich unverbesserlich seyn mag. Ich darf
es deßhalben wagen, verehrungswürdiger
Aristus, uns ihre weisen Gedanken hierüber
auszubitten. Seyn sie so gütig uns zu er=
klären, wie die Verfassung eines kleinen
Staates nach Ihren Grundsätzen eingerich=
tet werden könnte ?

Ich habe diesem Gegenstande sehr oft
nachgedacht, antwortete Aristus dem beschei=
denen Jüngling, und insonderheit seitdem
wir hier so viel über die Politick philosophie=
ret haben. Ich habe die einsamen Stun=

den, welche mir zu Baden zu theile ge=
worden sind, angewandt, einen kleinen Ent=
wurf einer Regierungsform aufzusetzen, in
welcher die verschiedenen Rechte des Staates
weislich ausgetheilet sich auf die vortheilhaf=
teste Weise in dem gemeinsamen Mittelpuncte
der öffentlichen Ordnung und des allgemei=
nen Wohlstandes vereinigen würden. Meine
Absicht war bey der Abfassung desselben in=
sonderheit dahin gerichtet, daß jede Sorge
für das öffentliche Wohl den weisesten, den
tugendhaftesten unter dem Volke anvertrauet,
und daß das Ansehen und die Freyheit so
weislich eingeschränket und gemäßiget wür=
den, daß weder der Uebermuth der Vorneh=
men noch die Ausgelassenheit der Niedern
die Ordnung des gemeinen Wesens stöhren,
oder die Rechte des Bürgers verletzen kön=
nen; daß kein Bürger unter die Würde der
Menschheit erniedriget werde, und daß je=
der ein billiges Maaß von Freyheit genieffe;
daß jeder so viel zu bedeuten habe, als er nach
seinen Umständen und nach seinen Fähigkei=
ten verlangen kann, und daß keiner des

schmeichelhaften Vortheiles beraubet werde, seinen Geist zum Besten seiner Mitbürger in derjenigen Wirksamkeit zu erhalten, welche jedem denkenden Wesen so kostbar ist. Ich habe dabey mein Augenmerk vorzüglich auf die republicanische Regierungsform gerichtet; dennoch habe ich auch mich bestrebet, in meinem Entwurfe zu zeigen, wie meine Vorschläge in einem monarchischen Staate ausgeführet werden könnten.

Hierauf zog Aristus ein Papier aus der Tasche, und bat mich, dasselbe zu lesen. Hier haben Sie eine Abschrift davon, mein lieber Theokles.

* * *

Nichts ist schwerer als einen neuen Staat aufzurichten; nichts ist leichter als einen solchen zu träumen. Jenes ist ein weitaussehendes Werk des Staatsmannes und des Eroberers: Sie sollen es nicht übel finden, wenn der Philosophe durch dieses sich bestrebet ihnen ihre Mühen zu erleichtern.

Der Staat welchen wir stiften wollen soll von einem kleinen Umfange seyn; nicht

weil wir die kleinen Staaten für die glücklichsten halten; sondern weil unser Entwurf
am besten übersehen werden kann.   Ein ur-
theilsvoller Baumeister kann nach einem ganz
geschmeidigen Modelle das weitläufigste Gebäu ausführen.

Unser neue Staat bestehet also aus zwölf-
tausend Bürgern oder Familien.   Wir theilen denselben in fünfzehn Quartiere oder Nach-
barschaften ein, von welchen jede mit allen
übrigen in einer vollkommenen Gleichheit stehet.   Für den Mittelpunct davon nehmen
wir eine Hauptstadt an, welche alle Bürger
mit gleicher Bequemlichkeit besuchen können.
Die Wohnung in dieser Stadt giebt kein
Vorrecht in den Staatsgeschäften. Der Land-
mann hat so viel Recht daran Theil zu nehmen als der Städter, indem es für die
Blüthe des Staates sehr wesentlich ist, daß
erleuchtete und tugendhafte Bürger aufge-
muntert werden, eben so gern auf dem Lande als in den Städten zu wohnen.

Zu Verwaltung der Regierung hat unser
Staat einen Senat oder einen Staatsrath

nöthig. Sollte der Staat monarchisch seyn, so setzen wir an die Spitze desselben einen Fürsten, und der Senat ist sodenn nur der Rathgeber desselben, ohne befugt zu seyn, über die Geschäfte etwas entscheidendes zu verordnen.

Die Gerechtigkeitspflege soll, von dem Fürsten oder dem Senate unabhängig, durch Gerichtshöfe und durch obrigkeitliche Personen besorget werden.

Die Gesetzgebung, die Bestimmung der Abgaben und der Weise dieselben zu beziehen, wie die Wahl der angesehensten Vorsteher des Staates, soll der Antheil des grossen Rathes seyn.

Es ist ganz natürlich, daß der Staatsrath der kleinste von diesen drey Staatskörpern sey; daß die Magistratur oder das Richteramt eine grössere Anzahl von Personen erheischen, und daß der grosse Rath verhältnißweise viel zahlreicher seyn müsse, als diese beyden Collegien.

Ehe wir die Rechte und die Verhältnisse dieser drey Staatskörper bestimmen, wollen

wir die Wahl ihrer Glieder vestsetzen; als
in welchem Stücke die Rechte und die Freyheit jedes Bürgers sich insbesondre wirksam
zeigen sollen. Es ist das kostbarste Vorrecht
des freyen Mannes, diejenigen selbst auszuwählen, welche für seine Wohlfahrt sorgen,
ihm Gesetze vorschreiben, und ihm Recht
sprechen sollen.

Wir fangen bey dem grossen Rathe an:

In diesen ernennet jedes Quartier, als
welches aus ungefähr achthundert Familien
bestehet, acht seiner Mitglieder auf folgende
Weise:

Das ganze Quartier wird versammelt.
Alle Glieder desselben, welche über ein und
zwanzig Jahre alt und Besitzer von einem
gewissen Maasse unverpfändeten Landes sind,
werden abgezählet. So viele derselben vorhanden sind, so viele Kugeln werden in einen Beutel gethan. Von zwanzig derselben
sind neunzehn schwarz und eine weiß. Jeder
Quartiersgenosse ziehet nach dem Range den
ihm sein Alter bestimmet eine heraus. Jeder derjenigen, welche weisse Kugeln gezo-

gen haben, giebt einen von seinen Gemeinds=
genossen in den Vorschlag. Es kann aber
keiner vorgeschlagen werden, welcher nicht
über vier und zwanzig Jahre alt und Be=
sitzer von doppelt so viel unbeschränktes Lan=
des ist, als erfordert wird um eine Stimme
geben zu können. Um der Uebermacht, der
Bestechung und den Kunstgriffen vorzubie=
gen, welche bey solchen Wahlen so leicht
verderbliche Einflüsse haben können, wird
hier das Loos zu Hilfe genommen. Die
dreyßig oder vierzig Vorgeschlagenen werden
vermittelst desselben auf die Helfte hinunter=
gesetzet. Diejenigen, welche auf diese Weise
nicht ausgeschlossen worden sind, werden so=
dann dem Urtheile der Mehrheit unterwor=
fen, um vier aus denselben auszuwählen;
diese viere werden wieder durch das Loos
auf zween gesetzet, und unter diesen zweenen
wählet sodann die Mehrheit aller Gemeinds=
genossen denjenigen aus, welchen sie gut
findet.

So bestehet der grosse Rath unsers Staa=
tes aus hundert und zwanzig Gliedern. Die=

sen werden noch zwanzig andre beygefüget, welche von dem hohen Rathe selbst folgendermassen erwählet werden: Jedes Quartier wählet, auf die Weise welche wir erst beschrieben haben, zween seiner Gemeindsgenossen aus, um solche dem grossen Rathe vorzustellen. Aus diesen dreyßigen erwählet sodann dieses Collegium auf dieselbige Weise denjenigen, welchen es für den würdigsten hält. So gelangen zwanzig Männer in den grossen Rath, von welchen man mit der grösten Wahrscheinlichkeit muthmassen kann, daß sie ein allgemeines Zutrauen verdienen, indem sie erstlich ihrem Quartiere, und sodann dem grossen Rathe, auf eine vorzügliche Weise gefallen müssen.

Die verschiedenen Pflichten des richterlichen Amtes zu erfüllen, und das Gleichgewicht zwischen dem Staatsrathe und dem grossen Rathe zu behaupten, ist die Obliegenheit von sechszig besonders dazu ausersehenen Bürgern. Jedes Quartier giebt in diesen Staatskörper vier seiner Glieder, welche es auf die gleiche Weise erwählet, wie

seine Repräsentanten. Diese Sechsziger müs=
sen mindestens sechs Jahre bey ihren Stel=
len verbleiben. Sie können aber während
dieser Zeit sowohl in den grossen Rath als
in den Staatsrath erwählet werden. Allein
wenn dieses geschiehet, oder wenn sie bereits
Glieder des grossen Rathes sind, so bleiben
sie bis zum Verflusse ihrer sechs Jahre in
diesen Collegien ohne Wirksamkeit: Und der=
jenige, welcher sich weigert die Stelle eines
Sechszigers anzunehmen, verliehret von der
Zeit dieser Weigerung an ebenfalls seine
Wirksamkeit für zehn Jahre in diesen Col=
legien. Diese Sechsziger haben den Rang
nach den Gliedern des Staatsrathes, und
vor denselben des grossen Rathes, so lang
sie in diesem Charakter verbleiben. So bald
sie denselben aufgeben, welches ihnen nach
dem Verflusse von sechs Jahren freysteht,
so verlieren sie auch ihren Rang, und so
treten sie wieder in ihren vorigen Stand.

Das höchste aller Collegien ist der Staats=
rath. In diesen giebt jedes Quartier zwey
seiner Mitglieder, welche es auch auf die

gleiche Weise erwählet, wie seiner Repräsentanten. Jedoch ist zu diesen wichtigen
Stellen niemand wahlfähig, welcher nicht
das vierzigste Jahr seines Alters erreichet
hat, und der nicht zweymal so viel unbeschwertes Landes besitzet als erfordert wird,
um in den grossen Rath zu gelangen. Zu
diesen dreyßig Rathsgliedern kommen noch
sechse, welche auf die gleiche Weise erwählet
werden wie die zwanzig grossen Rathsglieder, deren Stellen ebenfalls keinem Quartiere insbesondere eigen sind. Indessen kann
von keinem dieser Quartiere mehr als ein
Gemeindsgenosse unter den sechsen seyn, die
also in den Staatsrath gelangen, und auch
unter den zwanzig ausserordentlichen Gliedern
des grossen Rathes sollen sich auf das höchste drey von dem nämlichen Quartiere befinden.

In einem monarchischen Staat ist der
Fürst an der Spitze des Staatsrathes, und
derselbe hat auch den dritten Theil der Glieder desselben zu ernamsen. Wie der Staatsrath in einem republicanischen Staate ent-

scheidend zu befehlen hat, so ist er bey dem
Fürsten nur auf die Berathschlagung einge=
schränket.

In der republicanischen Verfassung wird
der Vorsitz in dem Staatsrathe abwechs=
lungsweise von zwey Häuptern geführet.

Diese Häupter, die vornehmsten Staats=
bedienten, die zween abwechselnden Vorste=
her des grossen Rathes, und dieselben von den
übrigen Collegien werden von dem grossen
Rathe erwählet. Jedes Quartier schlägt
zu diesen Stellen drey Glieder vor, und der
grosse Rath wählet aus den fünf und vier=
zig vorgeschlagenen denjenigen, welchen er
den würdigsten findet. Der Vorschlag und
die Erwählung geschehen auf dieselbige Wei=
se, wie dieselben von den Rathsgliedern,
deren Stellen keinem Quartiere besonders
eigen sind.

Wenn es um die Stellen der Häupter
des Staates und um dieselben der Vorsteher
des grossen Rathes zu thun ist, so werden
dem grossen Rathe aus jedem Quartiere zehn
Bürger durch das Loos beygefüget. Jeder

dieſer zugeordneten hat bey dieſem wichtigen
Anlaſſe ſeine Stimme wie die Glieder des
groſſen Rathes. Auf dieſe Weiſe wird die
Unordnung der Comitien oder der Landtage
verhütet, dem verderblichen Nachwerben vorgebogen, und das allgemeine Vertrauen des
Volkes den Häuptern deſſelben verſichert.

Die Erwählung zu den minder wichtigen
Stellen und Commißionen geſchiehet, ohne
Vorſchläge von Seiten des Volkes, allein durch
den groſſen Rath, oder durch die andern
Collegien, welche die Geſetze dazu berech-
tigen.

Diejenigen, welche, ohne vorher des groſſen Rathes zu ſeyn, zu gewiſſen wichtigen
Stellen, die durch die Geſetze beſtimmet
werden, gelangen, werden durch dieſe Er-
hebung ebenfalls unmittelbare Glieder deſſelben. Das gleiche wird bey der Erwählung zu noch höhern Stellen in Rückſicht
auf den Staatsrath beobachtet.

Sobald eine Stelle erlediget wird, ſo
wird, um allem unanſtändigen Nachwerben
vorzubiegen, wenn es immer möglich iſt,

solche noch an demselbigen, oder zum we=
nigsten an dem folgenden Tage besetzet.

Alle Bedienungen und alle Ehrenstellen
werden zwar auf lebenslänglich vergeben. Es
wird aber jedes Jahres auf einen bestimm=
ten Tag über alle Rathsglieder und über alle
höhern Staatsbedienten die Censur vorge=
nommen.

In dem grossen Rathe wird über jeden
der letztern, und über jedes der Rathsglieder
welche von dem grossen Rathe erwählet wer=
den, eine Umfrage gehalten. Wer hier das
Mehr zu der Bestätigung erhält, von dem
ist weiter keine Frage. Wem aber da die
Mehrheit ihre Gutheissung versaget, über
den wird in allen Quartieren umgefraget,
und wenn er in achten derselben die Mehr=
heit wider sich hat, so ist er, jedoch ohne
Abbruch seiner Ehren und seiner bürgerlichen
Rechte, seiner Stelle verlustig. Wenn in=
dessen zur Zeit der Censur hundert Bürger
durch eine dem grossen Rathe übergebene und
von jedem eigenhändig unterzeichnete Bitt=
schrift verlangen, daß über ein Standesglied

von diesem Range in den Quartieren um=
gefraget werde, so muß dieses ohne weiters
geschehen.

Diejenigen Rathsglieder, welche allein
von ihren Quartieren ernennet werden, wer=
den gleichermassen ihrer Stellen verlurstig,
wenn bey der Censur, welche in ihren Quar=
tieren jährlich über sie ergehet, sie zween
Drittheile der Stimmen wider sich haben.

Nur die vornehmsten und den öffentlichen
Geschäften allein gewiedmeten Staatsbedien=
ten, nebst den geringern Beamten, werden
besoldet. Die Besoldungen der erstern sind
insonderheit so eingerichtet, daß sie zurei=
chend sind ihre Mühen zu belohnen, und
ihnen die ausserordentlichen Ausgaben zu er=
setzen, zu welchen sie durch ihre Stellen ver=
bunden werden; indem voraus gesetzet wird,
daß es Leute seyn, welche den grösten Theil
ihres Lebens angewandt haben, sich die zu
Erfüllung ihrer wichtigen Pflichten nöthigen
Einsichten und Tugenden zu erwerben; und
indem die Gesetze verordnen, daß so bald sie

zu solchen Stellen gelangen, sie jedem andern Berufe und Gewerbe entsagen.

Nach der Wahl und der Eintheilung der Personen, welche die verschiedenen Staatskörper ausmachen, sind die Gränzen des Ansehens zu bestimmen, welches jedem derselben zugetheilet werden soll. Wir haben dieselben bereits berühret, und wir wollen darüber nicht weitläufig seyn.

Die Regierung ist der Antheil des Staatsrathes oder des Fürsten. Der grosse Grundsatz ist hier, denselben den vollkommensten Gewalt zu ertheilen, alles Gute zu thun was sie nur immer wollen können, und ihnen so viel als es nur seyn kann die Mittel Uebels zu thun zu benehmen. Es ist sehr schwer diese Absicht zu erhalten. Indessen wo die Bestimmung der öffentlichen Abgaben den Repräsentanten des Volkes vorbehalten ist, und wo diese Repräsentanten, oder derjenige Staatskörper dem die Ausübung des Richteramtes zukömmt, das uneingeschränkte Recht der Vorstellungen geniessen; da werden Beherrscher, welche nicht gänzlich alle Em-

pfindung deſſen verlohren haben, was tugendhafte Männer rühren ſoll, nicht leicht
in grobe Abweichungen von ihren Pflichten
verfallen.

Das Recht den Betrag ſowohl als die
Beziehungsart und die Anwendung der öffentlichen Abgaben zu beſtimmen, iſt, ohne
die Theilnehmung irgend eines andern
Staatskörpers, dem groſſen Rathe ausſchlieſſend eigen. Nur lieget dem Rathe der
Sechsziger die Pflicht ob, in dem Namen
des Volkes dem groſſen Rathe Vorſtellungen
zu machen, wenn deſſen Verfügungen ihm
allzubeſchwerlich vorkommen.

Die Geſetzgebung iſt eigentlich auch der
Antheil des groſſen Rathes; allein die Schlüſſe
deſſelben haben die Kraft eines Geſetzes niemals, bis ſie von dem Staatsrathe ebenfalls
gutgeheiſſen ſind. Wenn der Staatsrath in
ſeiner Meynung von den Schlüſſen des groſſen Rathes abgehet, ſo kömmt dem Rathe
der Sechszigen die Entſcheidung zu, ob der
Vorſchlag des groſſen Rathes ein Geſetz ſeyn

(I. Theil.) T

soll oder nicht. In der monarchischen Ver=
fassung kann kein neuer Vorschlag jemals
die Kraft eines Gesetzes erhalten, wenn nicht
der Fürst denselben durch seine Gutheissung
bestätiget.

Damit aber in der republicanischen die
Gesetze nicht wankend und ungewiß seyn, so
darf da kein neuer Vorschlag vor dem gros=
sen Rathe berathen werden, der nicht vor=
her von sechs Gliedern des Staatsrathes,
sechs Sechszigern, sechs Gliedern des gros=
sen Rathes und sechs Bürgern unter dem
Vorsitze eines Generalprocuratoren erwogen
worden sey. Das Loos bestimmet diese
fünf und zwanzig Personen. Wenn diesel=
ben einen Vorschlag durch die Mehrheit der
Stimmen verwerfen, darf derselbe vor Ver=
fluß eines Jahres nicht mehr in Bewegung
gebracht werden. Wird hingegen ein solcher
würdig geachtet, von dem Gesetzgeber in nä=
here Betrachtung gezogen zu werden, so wird
er wieder vor den grossen Rath gebracht. Erst
alsdann werden die Verordneten ernennet,
die denselben vorläufig berathen sollen. Der

allgemeine Auftrag dieser Verordneten ist,
die Vorschläge, welche ihnen überwiesen
werden, auf das sorgfältigste zu erwägen,
die Weise zu entwickeln, wie, wenn sie solche
nützlich erfinden, dieselben am gemeinnützig=
sten ausgeführet werden können, und über
das eine so wohl als über das andere entwe=
der ihr einhelliges Gutachten oder ihre ver=
schiedenen Meynungen dem grossen Rathe
vorzulegen. Es ist ganz natürlich, daß die=
ses Collegium, nach Befinden der Umstände,
jeden Auftrag durch die ausdrücklichen Be=
stimmungen der Gegenstände welche dabey
in besondre Erwegung kommen sollen, und
der Gesichtspuncten in welchen ein Geschäft
zu betrachten ist, wie auch der Berichte
welche deßhalben einzuziehen sind, erweitern
könne. Wenn sodann über ein solches Gut=
achten in dem grossen Rathe entschieden wer=
den soll, so stehet zwar jedem Mitgliede
frey, eine von den Vorschlägen der Com=
mißion ganz verschiedene Meynung zu eröff=
nen; allein niemals wird eine solche neue
Meynung anders in Betrachtung gezogen,

als daß sie mit dem vorigen Gutachten der Commißion auf das neue zur Erdaurung übergeben wird. Es wird auch kein neuer Vorschlag in dem großen Rathe behandelt, ohne mindestens vier Wochen vorher dem ganzen Volke kund gemachet worden zu seyn. Während dieser Zeit stehet jedem Bürger frey, seine Gedanken über jedes neue Gesetz und über iede neue Anstalt der zu der Erwegung derselben ernannten Commißion zu übergeben, oder sonst bekannt zu machen. Ueberhaupt ist die Freyheit des Druckes ein Vorrecht, das in unserm Staate jedem Bürger zukömmt. Wir setzen voraus, daß Erleuchtung und Menschlichkeit in demselben einen beträchtlichen Anwachs erhalten haben; denn es ist gar zu richtig, daß in jedem Staate, welcher der Barbarey noch näher ist als der Vernunft, die Freyheit des Druckes eine sehr gefährliche Sache seyn könne.

Das richterliche Amt über die Rechtshändel der Bürger und über die Verbrechen derselben, und die Handhabung der Policey, machet die ordentlichen Obliegenheiten der Sechsziger aus.

Die vier Sechsziger jedes Quartieres sind die ordentlichen Vorsteher desselben. Sie wachen über die Sitten und über die Kinderzucht ihrer Gemeindsgenossen. Sie haben ein aufmerksames Auge auf die Weise wie jeder derselben sich ernähret, und sie bringen die Anliegenheiten derjenigen von denselben, die eines Beystandes der Armenanstalten wahrhaftig würdig und bedürftig sind, durch ihre schriftlichen Berichte vor die zu Versorgung der Armen verordneten Collegien. Sie sind die Obervormünder der Wittwen und der Waisen, und die Rathgeber derselben.

Aus ihrem Mittel werden erstlich fünfzehn ausgewählet, um ein ordentliches Gericht auszumachen, welches über alle Rechtshändel und über alle Vergehen das Richteramt in der ersten Instanz verwaltet.

Aus denjenigen, welche bereits drey Jahre lang in diesem Gerichtshofe gesessen sind, werden sodann zwölf Oberrichter oder Ap-

pellationsräthe geordnet. Die acht ältesten
dieser Oberrichter geniessen eine Besoldung
von dem Staate; und wie älter jeder an
dem Appellationsgerichte ist, desto stärker ist
sein Gehalt.

Jedem Bürger stehet frey, aus den übrigen Sechszigern, welche nicht eine andre
besondere Pflicht davon befreyet, sich einen Für-
sprechen auszuwählen, der ihn unentgeltlich
verfechte, und ihm in seinen rechtlichen Anliegenheiten mit Rathe behilflich sey.

Eine der wichtigsten Obliegenheiten dieses Justizrathes bestehet darinn, daß er der
Mittler zwischen dem Staatsrathe und dem
grossen Rathe, und einigermassen auch zwischen diesen Räthen und dem Volke ist.
Wenn zwischen dem grossen Rathe und dem
Staatsrathe einiges Mißverständniß entstehet, wenn eines dieser Collegien das andre
eines Eingriffes in seine Gerechtsamen, oder
einer Verletzung der Grundgesetze beschuldi-
get, so ist die ganze Versammlung der
Sechsziger Richter zwischen denselben: Sie
ist es auch, wenn ein Mitglied des Staats-

rathes oder des grossen Rathes von einem
Particularen eines Versehens dieser Art an=
geklaget wird.

Diese Sechsziger wählen sich aus denje=
nigen, welche die Quartiere ihnen vorschla=
gen, zween abwechselnde Vorsteher; und diese
sind zugleich Generalprocuratoren und Tri=
bunen des Volkes. Neben den Beschäfti=
gungen welche ihnen der Vorsitz über ihre
Mitbrüder giebt, ist ihre vornehmste Pflicht,
auf die Handhabung der Gesetze zu wachen;
wider alle Unordnungen, die in dem Staa=
te vorgehen, solche Maaßregeln vorzukeh=
ren, welche die Gesetze vorschreiben; und
jede vor denjenigen Gerichtshof zu bringen
oder bringen zu lassen, dem darüber
die Gerichtbarkeit zustehet. Sie haben zu
diesem Ende in jedem Quartiere ihre Statt=
halter, welche allda ihre Stelle vertreten,
und verbunden sind, ihnen jede Vor=
fallenheit, die ihrer Aufmerksamkeit würdig
ist, anzuzeigen. Sie wohnen den Versamm=
lungen des Staatsrathes und des grossen
Rathes bey, und obgleich sie in diesen Col=

legien eigentlich keine Stimmen haben, so
liegt ihnen doch ob, bey dem Ende jeder Umfrage dasjenige durch bescheidene Vorstellungen zu ahnden, was allenfalls wider die Gesetze vorgebracht worden seyn möchte. Sie
sind aber nicht befugt, die Vollziehung eines Schlusses zu hemmen, ausser denjenigen, durch welche jemand der Freyheit, der
Ehre, des Bürgerrechtes oder des Lebens
verlurstig erkläret wird.

Jeder Bürger hat das Recht bey demjenigen dieser Tribunen, zu welchem er das
gröste Vertrauen haben wird, die Gegenstände anzuzeigen, welche seinem Bedünken
nach der öffentlichen Ordnung oder dem allgemeinen Besten nachtheilig seyn möchten,
und Vorschläge zu eröffnen, die er für
den Staat nützlich glaubet; und der Tribun, welchem ein Bürger ein Anbringen
dieser Art anvertraut, ist nicht befüget ihn
damit zurückzuweisen, so bald ihm der
Bürger es eigenhändig unterzeichnet zu-
stellet, und so bald derselbe sich der Be-
dingniß unterwirft, daß seine Schrift, wenn

der Innhalt derselben sollte falsch oder sträf-
lich erfunden werden, zur Rechtfertigung
des Tribuns öffentlich vorgewiesen werde,
und daß die Verantwortung davon auf ihn
falle.

Jedes Anbringen wird zur Entscheidung
an diejenige Stelle gebracht, welche die Gesetze demselben anweisen. Sind es Vorschläge von neuen Gesetzen oder von neuen
Cameraleinrichtungen, so werden sie bey dem
grossen Rathe auf diejenige Weise behandelt,
welche die Gesetze für alle neuen Vorschläge
bestimmet haben. Niemals aber hat ein solches Anbringen die Kraft, einen ergangenen
Schluß abzuändern oder dessen Vollziehung
zu hindern. Alles was darüber beschlossen
wird, gehet nur die zukünftigen Fälle an.

Von dieser Regel sind dennoch die Urtheile ausgenommen, welche das Leben, die
Freyheit, das Bürgerrecht oder die Ehre
eines Beklagten betreffen. In solchen Capi-
talfällen kann jeder auch von dem Appellationsgerichte, und selbst von dem gesamm-
ten Justizrathe sich auf das Volk berufen,

und ein Tribun kann ebenfalls auf sein eigenes Gutbefinden, oder auf das Ersuchen
von einer durch die Gesetze bestimmten Anzahl Bürger, ein Urtheil, welches jemand
zu dem Verlurste des Lebens, der Freyheit,
der Ehre oder des Bürgerrechtes verfällt,
vor dasselbe bringen. Allervorderst wird diese
Berufung den zween Generalprocuratoren
und den zehn ältesten Justitzräthen, welche
der Abfassung eines solchen Spruches nicht
beygewohnet haben, angezeigt, um zu ent-
scheiden, ob der Fall von der Natur sey,
daß er soll für diese höchste Instanz gezogen
werden. Finden diese, oder auch nur viere
von ihnen, die Berufung in den Gesetzen gegründet, so ausersiehet jedes Quartier einen
Richter auf die Weise wie es seine Staats-
räthe erwählet, und einen durch das Loos
aus zehnen von zehen verschiedenen Personen
vorgeschlagenen. Von diesen dreyßig Verordneten wird unter dem Vorsitze eines Tribuns das Urtheil um welches es zu thun
ist rechtlich untersuchet, und entweder bestä-
tigt oder gemildert. Es ist ganz natürlich,

daß in dieſer wie in den andern Inſtanzen
des peinlichen Rechtshandels jeder Beklagte,
nach gewiſſen durch die Geſeze beſtimmten
Regeln, diejenigen Richter ablehnen kann
von deren Leidenſchaften er ein partheyiſches
oder ungerechtes Urtheil befürchtet.

Dieſer Entwurf iſt auf einen ſehr engen
Staat eingerichtet. Er hat aber den Vortheil, daß er ſich ſogar auf ein groſſes Reich
ausdähnen läßt.

Wenn wir ein Land nehmen das acht,
zwölf, fünfzehnmal ſo groß iſt als dasjenige, welches uns zum Vorwurfe unſrer Idee
gedienet hat, ſo können wir daſſelbe leicht
in acht, zehn, fünfzehn kleine Provinzen ein-
theilen. Wir können jeder Provinz die Verfaſſung des kleinen Staates geben, den wir
entworfen haben. Der Staatsrath von jeder derſelben wird in einen Provinzialrath
verwandelt, welcher, dem allgemeinen Staatsrathe untergeordnet, deſſen Statthalterſchaft
verſiehet. Der Juſtizrath von jeder Provinz
wird ein untergeordneter Gerichtshof; und
der groſſe Rath beſorget die beſondern An-

liegenheiten der Provinz und faſſet die Vor-
ſchriften für die Repräſentanten ab, welche
dieſelbe zu dem Nationalrathe abordnet. Jede Provinz ernennet, ſo wie ſie, die Häupter
ihrer Provinzialverfaſſung, erwählet eine
durch die Geſetze beſtimmte Anzahl Glieder,
ſowohl in den Staatsrath, als in den hohen Juſtizrath und in den allgemeinen Na-
tionalrath. Jede Provinz behält das Recht
dieſe ihre Abgeordneten ſo zurückzuberu-
fen, wie ſie ihre beſondern Räthe und Vorſteher, wenn ſie es gut findet, ihrer Stellen
zu entladen befüget iſt.

Nach dieſem ſchwachen Grundriſſe läßt
ſich gar leicht ein Entwurf abfaſſen, wie dem
gröſten Reiche eine denſelbigen Grundſätzen
gemäſſe Verfaſſung gegeben werden könnte.
Und wenn dieſer Staat einen Monarchen
an ſeiner Spitze hätte, ſo würden das Anſehn und die Majeſtät des Fürſten gewiß
nicht minder glänzend, ſo würde derſelbe
ſeinen eigenen und andern Völkern gewiß
unendlich verehrungswürdiger ſeyn, als der
unumſch...änkteſte Deſpote von der Erde. Wir

dürfen es vielleicht wohl sagen, jedes Reich
kann nur in so fern blühend und glücklich
seyn, als darinne dieses kostbare Gleichge=
wicht zwischen dem Ansehn und der Freyheit
herrschet.

* * *

Als ich aufhörete zu lesen, sagte Aristus:
Verzeihen Sie mir, mein Herr, und Sie
alle meine werthesten Freunde, daß ich Sie
habe etwas so langes und so langeweiliges
lesen und hören machen. Allein es ist ein
Gerippe, und ein Gerippe kann weder Schön=
heit noch Anmuth haben. Einmal habe ich
nicht Geschicklichkeit genug gehabt, demsel=
ben diese Vorzüge zu ertheilen.

Eukrates lächelte und sagte: — So viel
Mühe brauchet es, um sich wider die Ty=
ranney zu verschanzen, wenn man sich ein=
mal seiner natürlichen Freyheit begeben hat.

In der That, antwortete Aristus; aber
es ist noch besser sich so zu verschanzen, als
vor der Wuth der wilden Thiere und der
Menschenfresser nicht sicher zu seyn.

Wir wollen unsern bereits beygelegten

Streit nicht wieder anheben, erwiederte Eukrates. Wir tragen nun einmal das Joch; und da wir es nicht mehr abschütteln können, so ist billig, daß wir es so viel zu erleichtern trachten als es nur möglich ist. Allein, mein lieber Aristus, vielleicht ist das einfältigste Joch das erträglichste, und alle ihre Künsteleyen würden zu nichts dienen, als unsre Unruhe und unser Unglück zu vermehren. Vielleicht ist der so bewunderte Britte im Grunde nicht glücklicher als der Unterthan eines Reichsfürsten, welchen der Stolz des Engelländers als einen elenden Sklaven verachtet.

Es ist möglich, versetzte Aristus. Es ist aber auch möglich, daß die engelländische Verfassung und insonderheit die Policey dieser Nation Gebrechen habe, welche auszuweichen nicht unmöglich wäre. Es ist sehr möglich, daß mein Entwurf nichts weniger als vortrefflich sey: Indessen glaube ich doch, daß eine nach den Grundsätzen desselben eingerichtete Verfassung einem Staate beträcht-

liche Vortheile gewähren würde. — Erlau=
ben Sie mir nur einige anzuführen.

Erstlich würde da, wie es die Billigkeit
und die Gerechtigkeit erheischen, jeder Bür=
ger so viel zu bedeuten haben, als er ver=
nünftiger Weise fordern kann. Das Recht,
dazu beyzutragen, daß den weisesten, den
beliebtesten und den tugendhaftesten seiner
Mitbürger die Verwaltung der öffentlichen
Geschäfte anvertrauet werde, muß nothwen=
dig bey ihm das glücklichste Vertrauen in
die Vorsteher des Staates erzeugen.

Zweytens würde durch eine solche Ein=
richtung den Unordnungen der Demokratie,
und den Ungerechtigkeiten der Aristokratie
vorgebogen seyn. Alle drückende Ungleichheit
würde verschwinden, und kein Bürger
vor dem andern einen Vorzug zu hoffen
haben, als denjenigen, welchen die Erkennt=
lichkeit, die Liebe und die Hochachtung für
Belohnungen und Aufmunterungen der Ver=
dienste jedem zusprechen würden. Da auf
diese Weise über jeden Bürger diejenigen am
ersten urtheilen würden, welche ihn am be=

ſten kennen, und die von ſeinen Tugen⸗
den und von ſeinen Fehlern am meiſten zu
befürchten haben würden, ſo müßte dieſe
glückliche Bedürfniß tugendhaft zu ſeyn von
den zarteſten Jahren an bey jedem nach Eh⸗
re und Anſehen ſtrebenden Bürger die vor⸗
theilhafteſten Einflüſſe haben; und gleich mäch⸗
tige Beweggründe würden diejenigen, welche
bereits ſich emporgeſchwungen hätten, ver⸗
binden, durch ein liebreiches und freundli⸗
ches Betragen, und durch einen tugendhaf⸗
ten Gebrauch ihres Anſehns, ſich die Liebe
und die Gewogenheit ihrer Mitbürger bey⸗
zubehalten.

Drittens würde die Eintheilung in Quar⸗
tiere, und die Vertheilung der angeſehnen
Perſonen durch alle Gegenden des Staates,
allerorten Licht und Ordnung ausbreiten,
alle Stände durch die heiligſten und die
mächtigſten Bande mit einander verknüpfen,
und alle für die öffentliche Wohlfahrt ſo nö⸗
thigen Policeyanſtalten auf eine bewunde⸗
rungswürdige Weiſe erleichtern. Die Ar⸗
menanſtalten, die Erziehung der Jugend,

die Besorgung der Waisen, die Aufsicht
auf den Fleiß und die Gewerbsamkeit der
Bürger, die Erhaltung der öffentlichen An=
ständigkeit, und selbst die Beziehung der
Abgaben würden bey einer solchen Einrich=
tung mit einer ungemeinen Bequemlichkeit
und mit den grösten Erfolgen besorget werden
können. Die allerorten zerstreuten, erleuch=
teten und tugendhaften Männer würden in
die Geister und in die Gemüther der Bür=
ger die glücklichsten Einflüsse haben, und die
rohesten Herzen mildern oder doch in Schran=
ken halten. — Da die meisten der üblichen
Claßificationen der Bürger dieselben eher von
einander trennen, als sie solche mit ein=
ander vereinigen; da sie die einen zu Tyran=
nen, und die andern zu Sklaven machen;
so würde da das Band der Wohlthätigkeit
und der Erkenntlichkeit die Einigkeit beve=
stigen, die Unterwürfigkeit angenehm ma=
chen, und jedem die Freyheit gewähren,
welche dem fühlenden so wohl als dem den=
kenden Menschen so kostbar ist.

(I. Theil.)   U

Sie sind ein ganz besondrer Träumer, sagte Eukrates, indem Aristus aufhörete zu reden. Sie begnügen sich nicht für sich selbst zu träumen; Sie wollen noch andre bereden Ihre Träume zu umfassen; und in der That — Sie würden mir bald Lust machen, mich in Ihrem Staate um das Bürgerrecht zu bewerben. — Was kostet es bey Ihnen, sich naturalisieren zu lassen?

Nicht einen Pfenning, versetzte Aristus. — Alle redlichen Leute, wie Sie sind, mein schätzbarer Freund, nimmt man mit offenen Armen auf, weil sie die kostbarsten Erwerbungen sind, die ein Staat machen kann. — Und andre schickt man auch nicht zurücke. — In einem wohlgeordneten Staate werden auch die verdorbensten Menschen in Schranken gehalten, daß sie nicht nur nicht schaden können, sondern daß sie noch Vortheil bringen müssen, und zum wenigsten machen wir ihre Kinder zu nützlichen Bürgern.

Indem Aristus dieses sagte, langeten wir bey dem reitzvollen Wäldgen an, aus welchem uns mit dem Philokles verschiedene

Perſonen entgegen kamen, welche an der Fortſetzung unſrer philoſophiſchen Unterredungen keinen Geſchmack würden gefunden haben. ——

Beſchluß.

Ankunft des Euphemon. Abreiſe des Ariſtus und der Jünglinge.

Mein Geſchichtſchreiberamt hat ein Ende, mein lieber Theokles. Ariſtus iſt verreiſet, und mit ihm die zween hoffnungsvollen Jünglinge. An dem gleichen Abend, da jener von Baden zurückkam, langete auch Euphemon, welcher der Vater des Charidemus und der Oheim des Theon iſt, in Schinznach an. Die zween Jünglinge erzähleten ihm alſobald das lehrreiche Vergnügen, welches ſie in dem Umgange des Ariſtus und des Philokles genoſſen hatten, und den Gedanken, durch welchen unſre philoſophiſchen Spaziergänge veranlaſſet worden waren. Euphemon empfand eine unbeſchreibliche Freude darüber. Er dankete den beyden tugendhaften Männern in den gefühlvolleſten Ausdrückungen dafür; und er fügete bey, nichts würde für dieſe jungen Leute glücklicher ſeyn, als wenn eben die

vortrefflichen Männer, welche die Saamen
der Tugend und der Weisheit in ihre Seelen ausgestreuet hätten, die Wohlthat die sie
ihnen erwiesen hatten dadurch befröneten,
daß sie diese kostbaren Keime selbst zu warten
und zu besorgen würdigten. Es kann unstreitig, fügte er bey, keine Weise, Tugend
zu lernen kräftiger seyn, als der Umgang mit
weisen und tugendhaften Männern. Sie haben, meine Herren, diese jungen Leute eine Woche lang den Vortheil Ihrer mehr als
väterlichen Freundschaft genießen lassen. Ein
Jahr mit solchen Männern zugebracht, wie
weit würde ein solches sie nicht auf der Bahn
der Tugend bringen! Das wäre eine mehr
als römische Großmuth, wenn Sie, meine
Herren, denselben dieses Glück gewähreten.
Euphemon glaubete, daß Philokles und
Aristus diesen Gedanken nicht anders ansehen würden, als wie einen Einfall, mit dem
er ihnen ein Compliment machen wollte.
Allein sie hatten so viel Liebe für die jungen
Leute gefasset, daß sie den Antrag annah-
men. Nun sind die Jünglinge mit dem Ari-

stus verreiset. Sie sollen in dessen Hause
ein Jahr zubringen ; nach dem Verflusse
desselben sollen sie für eben so lang zu dem
Philokles gehen. Der Philosophe soll ihre
Erziehung anfangen, und der Weltmann soll
sie zur Vollkommenheit bringen, obwohl die
Sache im Grunde gleichgültig ist. Aristus
kennet die Welt so wohl als Philokles, und
dieser ist ein so tiefsinniger Philosophe als
iener. Nur fehlet dem erstern eine gewisse
Ungezwungenheit der Manieren, und dem
andern die logische Ordnung und Deutlichkeit in seinem Ausdrucke; zwey Dinge, derer jedes seinen Werth hat, der aber doch
im Grunde so groß nicht ist, als er scheinet.

Plutus,

oder
von den
Reichthümern.

An Eudämon.

In ihrer beneidenswürdigen Stille lachen
Sie, glückseliger Philosoph, über uns
Einfältige, die wir von dem Wirbel mensch-
licher Geschäfte uns herumtreiben lassen. Sie
sehen, wie der Weise des Epikur, mit einer
süssen Zufriedenheit den Stürmen zu, die
uns verfolgen. Sie sehen es sogar als eine
verdiente Strafe an, wenn oft der Verdruß
über Thorheiten die wir anhören, und über
Unordnungen die wir sehen müssen, uns
darnieder drücket. Was hattet Ihr in dieser Galeere zu thun, sagen Sie uns? Ihr
konntet euere Tage mit den Sokraten, den
Platonen, den Aristotelen, den Cicero-
nen, den Epikteten, den Antoninen, den
Plutarchen, den Baconen, den Descar-
tes, den Leibnitzen, den Wolfen, den
Montesquieus, und andern solchen Geistern

zubringen, die beſſer ſind als Ihr. Was
ſetzet Ihr euch muthwilliger Weiſe der Gefahr aus, euch Schlimmern bloß zu geben?
Es wäre billig, wenn Ihr nun täglich einen Anytus, einen Melitus, einen Sa-
turnin und noch ſchlechtere Leute hören; es
wäre billig, wenn täglich Ihr Sie ſehen
müßtet, über Euch und über die Vernunft
triumphieren. Aber, ſtolzer Philoſoph, bedenken Sie es, wenn alle Redlichen zu allen
Zeiten gedacht hätten wie Sie; würden Sie
nun ſo ruhig in Ihrem **Tusculanum** phi-
loſophieren können? Meynen Sie ſo gar,
der Name der Philoſophie würde Ihnen und
uns andern bekannt ſeyn? Wir wären Barbaren, und Sie mit uns. Wenn, wie Sie,
alle rechtſchaffnen Leute ſich immer der Republik entzogen hätten, ſo würden wir ſchon
wieder in den Wäldern wohnen, wie unſre
Vorältern. Wir könnten auch ruhig philo-
ſophieren, wie Sie. Aber wir opfern unſre
Ruhe und unſre Neigungen unſrer Pflicht
auf. Und glauben Sie ja nicht, daß wir
der Philoſophie entſaget haben, weil wir un-

ser Leben nicht in Hölen zubringen. Sie
begleitet uns auf das Rathhaus; sie unter=
stützet uns in den stürmischen Versammlun=
gen des Volkes; und sie tröstet uns sogar
bey den Siegen der Dummheit und des Un=
verstandes. An angenehmen Abenden füh=
ret sie uns vor die Thore der Stadt; sie zei=
get uns da die majestätische Natur in ihrer
stillen Pracht; sie ladet uns ein, die erha=
bene Einfalt derselben in unsern Handlun=
gen nachzuahmen; und sie beseelet unsre
freundschaftlichen Gespräche. Glauben Sie
mir, wir philosophieren da eben so gut als
Sie; und wenn Sie es nicht glauben wol=
len, so sollen Sie durch das Geschenke, das
ich Ihnen hier übersende, davon überzeuget
werden. Hier ist die Beschreibung eines
Abends, welchen Kallias, Medon und ich
in dem Schoosse der Philosophie auf eine
Weise zugebracht haben, die Ihnen selbst
beneidungswürdig vorkommen wird, und
die Sie uns elenden Sklaven der Stadt und
des Volkes beynahe mißgönnen werden.

* * *

Wir spazierten jüngsthin gleichsam staunend an dem Fuße des reitzenden Hügels,
den Sie wohl kennen, und der in unsern
jugendlichen Jahren so oft der Zeuge unsrer
freundschaftlichen Freuden gewesen ist. Eins-
mal erschreckte uns das Geräusch einer wie
ein Pfeil daher fahrenden Kutsche. Sie
überrennte beynahe den guten Medon, der
sich kaum noch retten konnte. Sie wissen,
wie dieser sich durch die ersten Bewegungen
des Zornes dahinreissen läßt. Diese ver-
dammten reichen Pursche, sagte er, sie sehen uns andere bald nicht anders an, als
wie Würmer, welche sie nach ihrem Belieben übersehen und zertreten können. Sie
sind so unverschämt. O wie unglücklich sind
wir, daß sich die Reichthümer bey uns ein-
geschlichen haben! Sie sind in dem Rathe
Meister; in den Gerichten widerstehet denselben nichts; auf den Straßen der Stadt
ist vor ihnen keine Sicherheit mehr, und
nun verfolgen sie uns gar, wenn wir uns

in diese stillen Gefilde vor ihnen flüchten.
Sachte, sachte, antwortete Kallias, der,
wie Sie wissen, ein Philosoph ist, und doch
auch in der Kutsche fährt. Sie sind ein
wenig geschwind in Ihren Urtheilen. Was
können die andern Reichen darfür, wenn
ein Thor und ein Lasterhafter seine Reichthümer mißbrauchet? Meynen Sie, der
Mann der hier vorbeygestürmet ist, und andre seines gleichen, würden beßre Bürger seyn,
wenn sie arm wären? Sie wären doch verachtet, versetzte Medon, und sie würden
durch ihre Beyspiele und durch ihre Ausschweifungen nicht so viel Uebels stiften können. Meynen Sie, wenn Mikon nicht mehr
Geld hätte, als ich, er würde in dem Rathe den Mund aufthun dürfen, oder man
würde ihn nur hören wollen? Nun sperren
alle die Mäuler auf, wenn er seine Macht-
sprüche daherdonnert. Sie verstummen bald
alle, und nur seine feilen Clienten dürfen
reden, indem die unmächtige Redlichkeit
seufzet. Meynen Sie, Oenomaus würde
sich in einer ehrlichen Gesellschaft zeigen dür-

fen, wenn er zu Fuſſe dahin käme? Er wäre ſchon lang wegen ſeiner liederlichen Aufführung aus der Stadt fortgejagt worden.
Alle Uebel, die uns drücken, kommen nur
von dieſen elenden Reichthümern her. Sie
ſind die Büchſe der Pandora, die alles Gift
unter uns ausſtreuet; und man will uns
noch glauben machen, ſie ſeyn eine glückſelige Quelle von Wohlſtande. O! wie blind
ſind nicht die einfältigen Menſchen, daß ſie
ſolche Götzen anbeten! Götzen ſoll man nicht
anbeten, verſetzte hierauf **Kallias;** aber gerecht ſoll man ſeyn.

K. Sie wiſſen, daß niemand weniger
aus den Reichthümern machet, als ich. Aber
erlauben Sie mir es zu ſagen: Diejenigen,
welche am meiſten darauf ſchmälen, ſind oft
am wenigſten gleichgültig gegen dieſelben.
Ich an meinem Orte halte darfür, die Reichthümer verdienen die Ehrfurcht nicht, welche die Dummheit gegen dieſelbe heget. Ein
Spitzbube kann reich ſeyn, wie ein tugendhafter Mann. Es iſt leichter durch Niederträchtigkeit und durch Ränke Schätze zu ſam-

meln, als durch Verstand und durch Recht=
schaffenheit; und alles, was von der Tu=
gend abgesondert seyn kann, hat für mich
keinen vorzüglichen Werth. Was halten
Sie hievon, lieber Medon, sind Sie mit
meinem Geständnisse zufrieden?

M. Gar wohl; allein Sie müssen mir
auch noch mehr zugeben. Sie müssen geste=
hen, daß dasjenige, was das Gut eines
Nichtswürdigen ausmachet, was ein veräch=
licher Mensch und ein Idiot besitzen können,
was ein Werkzeug der Verderbniß und des
Lasters ist, daß, sage ich, dieses etwas
schlimmes und etwas verächtliches ist.

K. Was halten Sie denn von der obrig=
keitlichen Würde, antwortete Kallias, ist
dieselbe etwas schlimmes oder verächtliches?

M. Ich bin weit entfernet also zu denken.

K. Haben Sie noch kein Land gese=
hen, wo viele unwürdige und schlechte Leu=
te, wo Lasterhafte, wo Idioten obrigkeitli=
che Aemter getragen haben?

M. Freylich, es hat Könige gegeben,
welche die abscheulichsten Geschöpfe von der

Welt gewesen sind, und ein Kaiser hat sein Pferd zum Bürgermeister gemacht.

R. Hiemit sind die königliche Würde, und das obrigkeitliche Ansehn verächtliche Dinge?

M. Das folgt eben nicht; doch werden sie in solchen Ländern und bey solchen Leuten eben nicht sonderlich ehrwürdig seyn. Da sie ihre erhabene Bestimmung verfehlen, so verliehren sie gewiß ihre Kraft und ihren Werth.

R. Hier erwartete ich Sie; allein ich will nur noch eine Frage an Sie thun: Was halten Sie von der Gesundheit? Sie wird wohl ein grosses Uebel seyn; oder halten Sie dieselbe für etwas Gutes?

M. Ich halte sie für etwas vortreffliches, für das edelste Gut nach der Tugend.

R. Sie scherzen; ein Schelm kann sie besitzen; sie wird nur allzuoft ein Werkzeug der Verderbniß und des Lasters; Sie muß etwas schlimmes, sie muß etwas verächtliches seyn.

M. Wenn sie mißbrauchet wird, so ist sie es.

K. Gar recht. Aber wenn die Reichthümer nicht mißbrauchet werden, sind sie ein Uebel?

M. Sie glauben mich gefangen zu haben. Sie triumphieren zu frühe. Ich werde mich alsobald loswickeln. Die Gesundheit bestehet in der Vollkommenheit, in der Stärke, in der Harmonie des menschlichen Leibes. Sie ist also an sich selbst etwas Gutes. Sie hat ihren innern Werth, den ihr das Laster, welches sie mißbrauchet, ungerechter Weise raubet. Die königliche und die obrigkeitliche Würde erhalten ihre eigene Vortrefflichkeit von der allgemeinen Ordnung und von der öffentlichen Wohlfahrt, denen sie geheiligt sind. Die Reichthümer hingegen sind von allem eignen Werthe entblößet. Sie sind Geschöpfe der Eitelkeit und der Ungerechtigkeit, wie sie Werkzeuge derselben sind. Sie sind also durch ihre eigene Natur schlimm, und Sie, mein Freund,

(I. Theil.) X

kommen in der Schutzrede für dieselben zu kurz.

K. Ich gebe Ihnen gern zu, daß die Reichthümer weder mit der Gesundheit noch mit der Ehre in eine Vergleichung gesetzet werden können. Sie haben durch sich selbst keine Vortrefflichkeit. Unglückselig ist das Land, wo sie sich über den Rang heraufschwingen, der ihnen gebühret, und der sie weit unter alle andern Güter des Lebens heruntersetzet. Ich wollte Sie, mein lieber Freund, nur dahin bringen, zu gestehen, daß der Mißbrauch einer Sache keine wesentlich schlimme Natur geben könne. Sie haben in Ihrer ersten Hitze die Reichthümer nur in Rücksicht auf den Mißbrauch angegriffen, welchen der Unverstand davon machet. Nun behaupten sie, daß die Reichthümer nur der Ungerechtigkeit ihr Daseyn zu verdanken haben, und daß sie nur zu der Verderbniß gut sind: Wenn dieses richtig ist, so haben Sie vollkommen recht; so ist nichts abscheulichers als dieselben, und so sollte man alle Reichen mit dem Staupbesen aus dem Staate

fortjagen. Es wird sich aber der Mühe loh-
nen, diese Sätze genauer zu untersuchen.
Was sind Reichthümer anders, als ein Ueberfluß an Gelde und an äusserlichen
Gütern?

M Ich bin mit dieser Erklärung zufrieden.

K. Diese äusserlichen Güter sind Mittel,
unsern äusserlichen Zustand, und auch oft
unsern innerlichen, zu verbessern und angenehmer zu machen.

M. Auch dieses gebe ich zu, obgleich
eine und die andre wichtige Einwendung dagegen könnte gemachet werden.

K. Ist es dem Menschen denn nicht erlaubet, während dem kurzen und flüchtigen
Aufenthalte der ihm auf dieser mit so vielen
und so herrlichen Gütern angefüllten Erde
vergönnet ist, sich Anmuth, Vergnügen und
Wohlstand zu verschaffen?

M. Ich halte es für desselben Pflicht,
dieses zu thun, in so fern er dadurch sich
selbst keiner grössern und wesentlichern Vollkommenheit beraubet, und in so fern er die
Glückseligkeit andrer Menschen dadurch nicht

hemmet. Ich bin überzeuget, daß einer
der erſten Grundtriebe der menſchlichen See=
le uns dazu anſpornet; und daß wir dieſe
Begierde zu dem Wohlſeyn, und zu denjeni=
gen Dingen welche uns daſſelbe verſchaf=
fen können, als einen Theil unſrer Beſtim=
mung anzuſehen haben.

K. Es iſt alſo überhaupt nichts ſchlim=
mes, daß der Menſch dasjenige zu beſitzen
wünſchet, was ihm ein wahres Vergnügen
gewähren kann.

M. Wenn ich Ihnen den Sieg ſchwer
machen wollte, ſo könnte ich gegen dieſen
Satz manches einwenden. Ich könnte Ih=
nen mit einigen Philoſophen ſagen, nichts
ſey ungereimter, als die Ideen von Beſitze
und von Eigenthume; alles gehöre der menſch=
lichen Geſellſchaft gemeinſchaftlich; der Ge=
nuß davon ſtehe einem jeden zu; aber ſich
eines Eigenthumes anmaſſen ſey ein Eingriff
in die Rechte der Menſchheit, ſey der gröſte
Diebſtahl, den man begehen könne. Ich
will indeſſen aufrichtig ſeyn; ich will Ihnen
geſtehen, daß der Menſch berechtigt ſey Gü=

ter zu besitzen; aber solche in einem unge=
heuren Ueberfluße besitzen, dieses halte ich
nicht für etwas Gutes. Diesem schreibe ich
die Verderbniß, die Unterdrückung, das all=
gemeine Elend zu.

K. Wo fängt aber der Ueberfluß an, den
Sie für ein Uebel halten? Was für Grän=
zen seiner Wünsche wollen Sie jedem Men=
schen vorschreiben? Ich fordre Sie auf, ei=
nen Stolo (*) des menschlichen Geschlech=
tes abzugeben. Bestimmen Sie es, wie vie=
le Hufen Landes soll jeder Sterbliche besitzen?
Wie hoch soll sich das Einkommen eines je=
den belaufen? Soll Paris von Montmar=
tel mit seinen Mitbürgern theilen? Wie viel
soll er zurückgeben? Oder hat er eben das
rechte Maaß von Reichthümern? War ein
Ziß reich, oder hatte er nur genug? Oder
ist Kleinjoggs und seines Bruders Gütgen,
das sie beyde mit ihren Weibern und eilf

(*) Stolo war ein Tribun des Volkes zu
Rom, welcher die Vertheilung der liegenden
Gründe, legem agrariam, mit einer ausser=
ordentlichen Hitze betrieb.

Kindern ernähret, das gesetzmäßige Ziel des Gutes, das ein Mensch ohne Verletzung seines Gewissens sich zueignen darf?

M. Sie wollen mich mit Ihren Fragen auf eine Ungereimtheit bringen. Meine Philosophie hat keinen so willkührlichen Maaßstab. Die Natur hat nicht alle Körper und nicht alle Seelen gleich groß gemachet. Sie hat auch die Gränzen des Vermögens für keinen so genau bestimmet. Ich erachte indessen, man könne sagen, ein jeder sey berechtiget, so viel zu besitzen, als er ohne Abbruch seiner grössern Vollkommenheiten wahrhaftig geniessen, das ist, so viel als er brauchen kann, seine wahre Vollkommenheit zu befördern, sich ein bescheidenes Maaß von Anmuth zu verschaffen, und andern Gutes zu thun.

K. Also kann für den einen Reichthum oder Ueberfluß seyn, was für einen andern Armuth seyn würde. Ein Mensch, der eine Million einzugehen hätte, und der dieselbe mit einer weisen Großmuth zum Besten der menschlichen Gesellschaft anwendete, würde

also noch nichts überflüßiges besitzen.   Der
ehrliche Mann hingegen, dessen Gäule erst
Ihre philosophische Seele erschüttert haben,
und der den einzigen Heller, den er hätte,
zu seinem und zu andrer Verderben anwenden würde, würde bey dem Besitze eines
einzigen Kopfstückes allzureich seyn.

M. Es scheinet also.

K. Hiemit sind die Reichthümer wieder
kein Uebel, als in den Händen derer, welche dieselben mißbrauchen.

M. Was thun aber die Reichen anders?
Wozu wird sonst der ungeheure Ueberfluß
verschwendet, der sich in ihren unwürdigen
Händen befindet? Hat man nicht oft ganze
Parlamenter erkaufet? Ist nicht oft der ganze römische Senat zu der Unterdrückung der
gerechten Sache feil gewesen? Denken Sie
an die merkwürdigen Worte des Jugur-
tha. (*) Hat man bey uns noch niemand
bestochen oder gar? = = = = Wo haben die Reichen die Freyheit des Staates wie die Sklaverey desselben zu erkaufen sich angelegen seyn

(*) O venalem urbem, si emtorem invenerit!

laſſen? Wo hat ein Reicher Geld ausgethei=
let, damit ein Tugendhafter befördert wür=
de? Daß Spitthäler von ſolchen erbauet,
daß Klöſter begabet, daß Seelmeſſen geſtif=
tet worden ſind, das haben wir dem Aber=
glauben und nicht der Großmuth zu verdan=
ken. Dieſe Einfältigen wollten nicht Gutes
thun, ſie wollten nicht Pflichten der Menſch=
lichkeit ausüben; ſie wollten ihre unedeln
Seelen aus der Hölle oder aus dem Fegfeuer
erretten. Wer dieſes mit einem philoſophi=
ſchen Auge betrachtet, wird nicht weniger
finden, daß es ein Mißbrauch ſey, und ein
ſchändlicher Mißbrauch, der die Vernunft
entehret und die Menſchheit erniedriget. Sol=
che Reiche kenne ich; aber denjenigen habe
ich noch nicht geſehen, der ſeine Million
Einkünfte zum Beſten der menſchlichen Ge=
ſellſchaft anwendete.

A. Sie ſind recht beredt worden, da
ich Sie wieder an die unſelige Kutſche erin=
nert habe. Die Reichthümer ihres Beſitzers
müſſen gewiß etwas ſchlimmes ſeyn, da ſie
meinen werthen Freund zu ſo unphiloſophi=

schen und so übereilten Schlüssen dahinreissen. In ihrem beredten Ausfalle haben Sie
keinen Satz hören lassen, der nicht von dem
Besondern auf das Allgemeine schliesse, oder
der nicht sonst wider die Regeln einer gesunden Logick laufe. Sie kennen niederträchti-
ge Reiche, mein Freund! Deßwegen sollen
nothwendig alle diejenigen niederträchtig seyn,
welche die Vorsehung mit Ueberflusse an Glü-
ckesgütern gesegnet hat. Ich kenne viele so-
genannte Philosophen und Gelehrte, die unwürdige und verächtliche Leute sind; ich kenne eine Menge von Leuten, die unter dem
ehrwürdigen Namen von Patrioten sklavische
und eigennützige Absichten verstecken. Soll
ich deßwegen denken, es gebe keine tugendhaften Philosophen und keine redlichen Bürger? Ich müßte es thun, wenn ich Ihre
Logick annehmen wollte. Aber ich verehre
die Rechte der Vernunft allzuviel. Ich will
Sie indessen Ihre Ungerechtigkeit noch deutlicher empfinden machen. Ich will Ihnen
tugendhafte Reiche nennen, welche ihre Reichthümer nicht unwürdiglich besessen, welche

dieselben nicht mißbrauchet, welche solche
zu dem Besten ihrer Mitbürger rühmlich an=
gewandt haben. Ich will Sie an das man=
nigfaltige Gute erinnern, welches durch die
Reichthümer ganzen Staaten und der gan=
zen menschlichen Gesellschaft zugeflossen ist.
Sie kennen die ruhmwürdigen Namen eines
Cimons, eines **Nicias,** eines **Gillias,** ei=
nes **Atticus,** und andrer. Was haben diese
vortrefflichen Alten anders gethan, als ihre
grossen Güter zu dem Besten andrer verwal=
ten? Sie stuhnden Bedrängten bey; Sie
unterhielten Gastrechte mit vornehmen Frem=
den, welche ihrem Vaterlande nützliche Dien=
ste leisteten; Sie liessen auf ihre Unkösten
öffentliche Gebäude aufführen; Sie zierten
die Städte; Sie munterten die Künste auf;
Sie feuerten die Talente an; Sie rüsteten
Flotten zu dem Dienste des Vaterlandes
aus. Sie müssen also keine verächtlichen
Leute gewesen seyn.

M. Sie nennen mir hier grosse Namen
und grosse Thaten; allein ich könnte Ihnen
einen **Lucullus,** einen **Crassus,** einen **Cä=**

sar, einen Ptolomäus aus Cypern, und, wenn mein Gedächtniß mir so getreu wäre als ich es wünschete, so viele andre nennen, welche ihre Reichthümer nur zur Schwelgerey, zur Verderbniß und zu der Unterdrückung angewandt, und welche solche nur um reich zu seyn besessen haben. Ueber dieses ist auch die Tugend derer, welche Sie anführen, noch allerhand Zweifeln unterworfen.

A. O das gestehe ich Ihnen gern. Sie werden doch nicht so hart seyn, und von dem so unvollkommenen und so eingeschränkten Sterblichen eine vollkommene Tugend fordern. Sie kennen die Menschen allzuwohl. Sie werden nicht die Unbilligkeit derjenigen nachahmen wollen, welche von andern Vollkommenheit verlangen, und sich selbst alle Fehler verzeihen. Ich halte darfür, wir sollten eben umgekehrt denken. Wir sollten eine jede Tugend, so klein sie ist, an andern verehren, und uns darüber freuen. Die Fehler derselben sollten wir der der menschlichen Natur eigenen Unvollkommenheit zuschreiben, und sie deßhalben bedauern. An uns

selbst hingegen sollten uns keine Fehler gleich=
gültig seyn. Mit uns selbst sollten wir nicht
zufrieden seyn, so lange wir noch uns sol=
cher Mängel und Vergehen schuldig finden,
welche wir ausweichen könnten. Ich hoffe,
Sie werden nicht läugnen, daß auch die
Männer, die ich Ihnen genannt habe, nach
diesen Grundsätzen beurtheilet werden müs=
sen. Oder verdienen sie nach härtern Gese=
tzen gerichtet zu werden, weil sie reich gewe=
sen sind?

M. Ich werde Ihnen hier wieder müs=
sen gewonnen geben. Wenn ich es nicht al=
sobald großmüthig thue, so führen Sie mich
durch eine Reihe von Fragen und von Auf=
gaben herum, daß ich es Ihnen doch werde
zugeben müssen. Aber dieses waren auch
Alte. Die Tugenden derselben sind nun nicht
mehr Mode. Unsre neuen Reichen sind nicht
von dieser Art. Sie verschwenden ihre
Schätze nicht zu dem Besten des Vaterlan=
des. Sie rüsten keine Flotten aus. Keiner
von Ihnen hat noch ein Rathhaus, oder ei=
ne öffentliche Schule aufführen lassen. Seit=

dem man bey uns reich ist, haben sogar
die Vermächtnisse zu milden Stiftungen auf-
gehöret, die bey unsern beynahe armen Vorältern so gemein waren. Es ist, als ob
unsre Reichen für nichts anders ein Gefühl
hätten, als für Erwerben, oder für Verschwenden, oder für beydes zugleich. Sie
bauen, aber meistens grosse und ungeheure
Palläste, welche gleichsam der Mittelmäßig-
keit, der Niedrigkeit und der Armuth ihrer
Mitbürger hohnsprechen. Sie muntern
die Künste auf. Aber was für Künste? Kleine niedrige Geschicklichkeiten, die ihre elenden Leiber und ihre üppigen Zimmer mit
abgeschmackten Zierrathen ausschmücken; die
Künste der Köche, der Schneider, der Ta-
pezierer, der Galanteriekrämerinnen. Aber
die in den Seelen ihrer jungen Mitbürger
liegenden Fähigkeiten aufzuwecken, zu entwickeln, zu begünstigen; dazu sind ihre Herzen viel zu klein. Sie haben nicht gelernet,
wie die Alten, welche Sie, mein Freund!
mir genennet haben, sich über den engen
Kreis ihrer eiteln und niedrigen Bedürfnisse

hinaufſchwingen, und das allgemeine Beſte mit einer erhabenen Großmuth umfaſſen.
Solche Reichen zeigen Sie mir unter unſern Mitbürgern; dieſen will ich es verzeihen, reich zu ſeyn; dieſen zuliebe will ich
alsdann mich mit den Reichthümern verſöh-
nen; dieſen zuliebe will ich nicht an ſo viele
Unwürdige denken, welche nur reich ſind,
um ſich zu entehren, und um andern zu
ſchaden.

R. Sie werden allemal beredter, mein
Freund, wenn Sie auf die heutigen Reichen, und insbeſondre auf unſre Mitbürger
gerathen. Wer ein wenig bosfertig ſeyn
wollte, könnte ſagen, daß ein verſtecktes und
Ihnen vielleicht ſelbſt verborgnes Körngen
Neides hieran Antheil hätte. Ich will aber
gutherzig glauben, daß es nur daher komme, weil die gegenwärtigen Uebel und Unordnungen einen lebhaftern Eindruck bey ihnen machen, als die, welche Ihnen nur
durch die Geſchichte oder durch das Hören-
ſagen bekannt ſind. Dieſes verzeihe ich ei-
em Philoſophen: Aber das verzeihe ich

ihm nicht so leicht, daß, für die Fehler seiner Mitbürger so scharfsüchtig, er für die
Verdienste derselben so blind ist. Haben
Sie nichts von den großmüthigen Handlungen gehöret, welche **Theophil**, **Lamachus**,
und **Menon** in der Stille ausüben ? Wissen Sie nicht, wie mancher bedrängten Familie sie beystehen; wie manche Arbeit dieselben verfertigen lassen, nicht ihre eigne Eitelkeit zu vergnügen, sondern diesen oder jenen armen Bürger aufzumuntern und zu beschäftigen ? Ist es Ihnen unbekannt, wie
Lisimon und **Naukrates** verschiedene junge
Mahler unterstützet haben? Und die Mahle-
rey werden Sie doch nicht zu den kleinen
der Ueppigkeit allein dienstbaren Künsten
rechnen. Sie kennen und schätzen den **Her-
mion**, der beynahe reicher ist als die Republick, und doch mit einem solchen Eifer für
die Republick arbeitet, als ein emsiger junger Mann, um sich selbst zu bereichern, arbeiten würde. Ich könnte Ihnen noch mehrere Beyspiele tugendhafter Reicher unter
unsern Mitbürgern anführen. Aber ich ha-

be schon genug genannt, um Sie zu dem
Geständnisse zu bringen, daß es in dem en=
gen Umfange unsrer Stadt noch viele edle
Seelen giebt, die mit Ehren reich sind, und
daß also auch ihr Ausfall wider die neuern
Reichen nichts weniger als billig ist. Wenn
ich, um Sie gar verstummen zu machen,
noch fremde Beyspiele anführen wollte, so
hätte ich nicht nöthig, solche aus Engelland
oder aus Frankreich herzuholen. Ich woll=
te nur zu unsern Nachbarn und Eidsge=
nossen von Zürich und von Bern gehen. Von
diesen wollte ich Ihnen eine ansehnliche Zahl
tugendhafter und großmüthiger Reicher der
Reihe nach herzählen. Allein ich komme
wieder auf die Reichthümer selbst. Ich will
Sie nur noch bitten, Ihre Augen auf so vie=
le schöne, grosse und nützliche Dinge zu
werfen, welche gewißlich nicht da seyn wür=
den, wenn niemals keine Reichthümer ge=
wesen wären. Diese prächtigen und herrli=
chen Gebäude, die, nach den philosophischen
und mathematischen Regeln der Vollkom=
menheit aufgeführet, würdige Gegenstände der

Bewunderung des menschlichen Geistes sind.
Diese prächtigen Kunststücke der Bildhauer,
der Mahler und so vieler andrer Künstler,
denen Sie mit aller Ihrer Philosophie doch
Ihren Werth nicht absprechen können, indem sich derselbe auf Ordnung, auf Harmonie, auf die edelsten Empfindungen der
menschlichen Seele gründet : Diese ungeheuern Büchersammlungen ; diese kostbaren
Behältnisse der Sitten, der Wahrheiten,
der Erfindungen aller Zeiten und aller Völker : Würde etwas von allen diesen Sachen
vorhanden seyn, wenn nicht Reichthümer,
wenn nicht Reiche gewesen wären? Betrachten Sie ferners überhaupt, wie elend die
Gestalt der menschlichen Gesellschaft seyn
würde, wenn der Mensch seine Begierden
niemals über die höchstnöthigen natürlichen
Bedürfnisse erstrecket hätte; wenn der Ihnen so verhaßte Gedanke, reich zu werden,
nie in einer menschlichen Seele aufgestiegen
wäre. Wir wären gewiß noch dermals kaum
besser, als die americanischen Wilden, die

(I. Theil.)   Y

ich noch nie beneidungswürdig gefunden habe. Ja, mein guter Philosoph, wenn Sie
mich recht bös machen, so beweise ich Ihnen noch gar, daß ohne ein gewisses Maaß
von Reichthümern die ersten Elemente der
Philosophie und der Menschheit noch nicht
entwickelt seyn könnten, und daß Sie selbst
vielleicht Ihren Vater schlachten, braten und
verzehren würden. Aber ich bin für eine
so kühne Unternehmung noch nicht aufge-
bracht genug.

M. Gut, gut. Sie würden gewiß einen guten Erfolg haben. Sie würden heut
alles demonstrativisch darthun, was Ihnen
belieben würde. Sie sind ein recht feuriger
Verfechter der Reichthümer. Aber Sie zeigen uns nur die schöne Seite Ihres Gegen-
standes. Wenn ich nur die Hälfte Ihrer Beredtsamkeit besäße, wie wollte ich nicht die
Laster, die Verbrechen, das Elend, die Kriege, die Verfolgungen, die Unterdrückungen,
die Ungerechtigkeiten, und hundert andre Uebel
schildern, welche das menschliche Geschlecht
alle, der Habsucht, und also derjenigen Nei-

gung zu verdanken hat, die den Reich=
thümern ihren Ursprung gegeben. Mey=
nen Sie, die Wilden, welche nichts davon
kennen, seyn nicht weit glücklicher und weit
schätzbarer, als die so gelobten Britten, das
reichste und das verdorbenste Volk auf der Er=
de? Legen Sie die guten und die schlimmen
Folgen dieser so gepriesnen Reichthümer in
zwo Wagschalen, und sehen Sie, welche die
andre überwiegen werde.

K. Ich zweifle im geringsten nicht, daß es
dieselbe der guten Folgen seyn werde. Wenn
wir gerecht seyn wollen, mein Freund, so
müßten wir von der Summe der Uebel,
die Sie erst so triumphierend hergezählet ha=
ben, alle diejenigen abziehen, welche ohne
die Reichthümer entstanden seyn würden. Krie=
ge, Verbrechen, Unterdrückung, Ungerech=
tigkeit und so viele andere Uebel sind bey ar=
men Völkern zum mindesten so gemein als
bey reichen. Ich glaube so gar, man kön=
ne noch weiter gehen. Gewiß ist, daß unse=
re Altvordern vor hundert, vor achtzig und
noch vor sechszig Jahren in Vergleichung

unsrer dermahligen Umstände arm gewesen
sind. Es ist auch gewiß, daß sie schlimmer
und verdorbener gewesen sind. Wenn die
Uebel und die Laster nothwendig aus den
Reichthümern flössen, so müßten sie mit
dem Anwachse derselben sich auch vermehren. Da aber dieses nicht geschiehet; da
die Engelländer selbst zu den Zeiten ihrer
geringen Reichthümer so schlimm und so verdorben, oder noch schlimmer und verdorbener gewesen sind, als sie nun von ihrem
schärfsten und erleuchtetesten Richter (*) geschildert werden, so ist es ganz richtig, daß
man mit Unrecht die Reichthümer zu den
Quellen aller Uebel machen will, die uns
drücken; obgleich wir nicht läugnen können,
daß durch einen schändlichen Mißbrauch sie
zu den Werkzeugen derselben gemachet werden. Dieser Mißbrauch aber ist ihnen
nicht wesentlich. Die durch ihre Natur vortrefflichsten Sachen sind demselben eben so
sehr ausgesetzet. Die Gesundheit, der Witz,
die Wissenschaften, die Religion selbst, die

(*) Dr. Brown.

herrlichsten Gutthaten der Gottheit sind in den Händen des Lasters zu den gefährlichsten Werkzeugen der Ungerechtigkeit und des Elendes geworden. Verdienen dieselben deshalben den Haß und die Verachtung der Weisen und der Tugendhaften?

M. Keineswegs.

K. Oder sollten nicht alle Redlichen sich vereinigen, diese verehrungswürdigen Gegenstände durch einen ihrer würdigen Gebrauch ihrer erhabnen Bestimmung gemäß anzuwenden, und die traurigen Folgen des Misbrauchs zu bekämpfen, welche die Schlimmen machen könnten.

M. Ich bin hierinn gänzlich Ihrer Meynung. Es ist dieses eine unsrer vornehmsten und größten Pflichten.

K. So ist es auch eine solche, in Betrachtung der Reichthümer das gleiche zu thun; denn Sie werden mir nun nicht mehr läugnen, daß die Reichthümer ein Mittelding sind, welches, durch sich selber weder gut noch schlimm, seinen Werth von dem Gebrauche erhält den der Mensch davon machet?

M. Sie haben mich davon überzeuget. Sie zwingen mich, Ihnen hierinnen beyzustimmen. Indessen glaube ich doch nicht zu irren, wenn ich ungeheure Reichthümer eher für Zeichen eines fallenden Staates als für Merkmale eines blühenden ansehe. Sie wissen selbst aus den Geschichten, daß die berühmtesten Völker des Alterthumes dem Falle allezeit desto näher waren je mehr die Reichthümer, diese unseligen Werkzeugen der Verderbniß sich bey denselben aufgehäufet hatten. Für die Freyheit und für die Glückseligkeit des Staates kann einmal nichts vortheilhafters seyn als eine gleiche Austheilung der Glückesgüter; und dieser hat mir immer der wünschenswürdige Vorzug des Staates geschienen, in welchem ich leben möchte.

R. Ihr Wunsch ist redlich und eines Menschenfreundes würdig. Aber die Ausführung desselben ist allem Ansehen nach unmöglich. Die grössesten und weisesten Gesetzgeber haben in der Ausführung der Anstalten gestrandet, welche ihren Völkern diesen Vortheil gewähren sollten; diese Gleichheit war gleichsam der

Stein der Weisen von der Staatskunst der al=
ten Republicanern .Plato, Solon ,Charon=
das Licinius Stolo und so viele andre haben
die Unmöglichkeit davon erfahren. Aristoteles,
der die menschliche Natur so wohl kannte, und
der wegen seinen unendlichen Verdiensten um
die Wahrheit die Verehrung aller Zeiten ver=
dienet ,hat dieses auch vortrefflich eingesehen.
Er hat deshalben weislich darfür gehalten,
man sollte eher die Gemüther der Menschen
als ihre Schätze in die Gleichheit und in die
Harmonie zu bringen trachten.   Es wäre eine
solche lykurgische Einrichtung auch in unsern
Verfassungen viel weniger möglich , als in
den alten griechischen Freystaaten.   In den=
selben befanden sich so zu sagen nur zwo Arten
von Menschen , die aber himmelweit von ein=
ander unterschieden waren.   Die eine hatte
alle Rechte zur Freyheit , zur Glückseligkeit
und zum Wohlstande sich allein vorbehalten ;
der andern blieb nichts übrig , als Dienstbar=
keit , Elend und Verachtung.   Man sollte
denken , es hätte einem Gesetzgeber so schwer
nicht fallen sollen , jene in eine gewisse Gleich=

heit von Wohlstande zu setzen, da diese durch
ihre gänzliche Nichtigkeit schon ganz gleich
waren. Bey uns hingegen, wo der Mensch=
heit die Achtung, welche ihr gebühret, nicht
mehr versaget wird; wo man dise unglückse=
lige Classe niedergedrückter Menschen nicht
mehr kennet; wo die Gesellschaft aus der schön=
sten Kette verschiedener Stände bestehet, die
alle auf die Freyheit, auf die Glückseligkeit,
auf den Wohlstand die nämlichen Ansprachen
haben: Bey uns, sage ich, wäre die Einfüh=
rung einer gesetzlichen Gleichheit in den Glücks=
gütern so gar eine Ungereimtheit. Ein weiser
Gesetzgeber muß also trachten, durch die Tu=
gend seiner Bürger zu erhalten, was durch
Gesetze nicht möglich ist. Wie mehr ich es
überlege, desto mehr finde ich, daß die Men=
schen ohne die Sitten nicht regieret werden
können. Die Gesetze sollen sich nie einiges An=
sehen versprechen, wo sie nicht von den Sit=
ten unterstützet werden. Die Sitten werden
ihre Rechte auch ohne die Gesetze zu allen Zei=
ten behaupten können.

M. Sitten, das klinget schön; aber, er=

lauben Sie mir es zu sagen, Sitten der Rei=
chen, das ist etwas seltenes, sehr seltenes. Sie
wissen den Gedanken des Plato. Derselbe
lebte in dem reichen Athene ; er kannte die
Reichen und die Reichthümer ; aber als ihn
die Cyrenäer baten, ihnen Gesetze vorzuschrei=
ben, eine Bitte, die man zu unsern Zeiten
selten an die Philosophen thut, wollte er sich
damit nicht abgeben, und sagte: Es ist schwer,
den Reichen und verwöhnten Cyrenäern Ge=
setze zu geben. Sie aber, mein Freund! Sie
wollten denselben gar Sitten beybringen.

K. Ja, mein Werthester! Sitten. Ich
kenne unter den Reichen zum mindsten eine
verhältnißweis gleiche Anzahl von Tugend=
hasten, als unter den Armen, oder selbst in
dem Mittelstande. Die Fehler derselben fal=
len aber allzusehr in die Augen, und es ist bey
gewissen Leuten schon ein Verbrechen, reich
zu seyn. Dieses verleitet selbst weise und sonst
großmüthige Leute zu Ungerechtigkeiten wider
die Reichen. Ich hoffe, Sie selbst werden
dieser Betrachtung Ihren Beyfall nicht versa=

gen können, wenn Sie dieselbe mit gesetztem
Gemüthe erwägen.

M. In der That, ich finde, daß ich mich
durch meinen Eyfer zu weit habe dahinreissen
lassen.

K. Es ist dieses ein Fehler, in den man sehr
leicht verfallen kann, und der bey unsern neuen
politischen Philosophen eben nichts seltenes
ist. Diese Herren schliessen oft gar zu geschwind
von dem besondern auf das allgemeine; insonderheit wenn es darum zu thun ist, witzige
und satyrische Einfälle anzubringen.   Aber
was sagt unser liebe Methrodor dazu?

Dieser war gleich bey dem Anfange der Unterredung zu uns gekommen.

Er, der sonst so beredt ist, hat nun beynahe eine Stunde lang immer zugehört.

Ihr Gespräche, antwortete Methrodor,
hat mir zu viel Vergnügen verursachet, als
daß ich dasselbe hätte unterbrechen wollen.

Ich wette, sagte ich hierauf, dieser ehrliche
Dogmatiker hat dasselbe schon in ein System
gebracht, und er hat schon nach seiner Gewohnheit eine lange Reihe von Folgen daraus

gezogen. Er wird uns dieselben daherpredi-
gen, wenn wir ihn recht darum bitten.

Wohlan, fuhr Medon fort, entwickeln Sie
uns Ihre Theorie von den Reichthümern.
Laſſen Sie uns hören, ob Sie auch mit dieſem
lieben Philoſophen dem Baal opfern; ob gleich
ihm, ſie vor dem allgemein angebeteten
Götzen darniederfallen? Ich denke es faſt.
Die Philoſophen ſind in unſern Tagen gar gefällig und beugſam.

Sie kommen immer wieder auf Ihre erſten
Gedanken, antwortete Methrodor. Sie
wollen mich verdächtig machen, weil Sie
fürchten, ich möchte wider Sie zeugen. Aber
ich werde mich nicht irre machen laſſen. Ich
werde meine Gedanken aufrichtig eröffnen.
Ich bete die Reichthümer nicht an, aber ich
verfluche dieſelben auch nicht. Sie ſind, wie
Kallias ſehr wohl geſagt hat, in meinen Augen gänzliche Mitteldinge, Werkzeuge des Laſters, Werkzeuge der Tugend, nachdem ſie
in Hände fallen. Ich glaube indeſſen auch
mit ihm, daß ohne dieſelben viel Gutes, welches wir nun genieſſen, nicht zu Stande hätte

gebracht werden können; da hingegen die Men=
ſchen auch ohne ſie, vollkommen unglück=
lich und laſterhaft ſeyn könnten. Ich halte
dafür, es ſey eben keine Kunſt, reich zu wer=
den; aber es ſey dagegen eine ſehr groſſe,
würdiglich reich zu ſeyn. Ich kenne eine groſſe
Anzahl unglücklicher und verächtlicher Rei=
cher, und es iſt gewiß richtig, was unſer theu=
re Theokrit geſagt hat, es ſey, als ob ſo viele
Narren reich wären, nur damit ſie recht zei=
gen können daß ſie Narren ſind. Noch rich=
tiger iſt es, daß viele nur zu ihrer Qual reich
ſind; daß ſie ihre Schätze nur zu anderer Laſt
beſitzen, und bey ihrem Ueberfluße nicht
mehr Freyheit und Vergnügen genieſſen, als
die Sclaven, welche das Gold und das Sil=
ber aus der Erde hervorgraben. Ich erkenne
es mehr als genug, daß die Reichthümer von
vielen unwürdigen Günſtlingen des Glückes zu
dem Verderbniſſe, zu dem Elende, und zu
der Unterdrückung der Staaten mißbrauchet
werden. Indeſſen kenne ich auch auſſer de=
nen, welche Kallias bereits genennt hat,
viele glückſelige und tugendhafte Reiche. Ich

denke auch, es würde deren unendlich mehrere geben, wenn die Kunst, würdiglich reich
zu seyn, bekannter wäre.

Habe ich es nicht gesagt, streute Medon
ein, unser Dogmatiker werde hier alsobald
ein System aufführen. Hier haben wir eine
neue Erfindung, eine neue Kunst, welche
das grosse Werk noch übertrift. Dieses lehret
nur reich werden: Jene aber lehret reich
seyn. Fahren Sie fort, lieber Moralist!
Rücken Sie hervor mit der ganzen Reihe Ihrer Lehren.

Meth. Ich werde bald fertig seyn. Die
Kunst, die ich lehren will, ist ganz einfältig.
Ihr Endzweck ist, durch seine Reichthümer
sich und andere in einem so hohen Grade und in
einem so weiten Umfange, als es möglich ist,
glücklich zu machen. Hierinn bestehet der fein-
ste Genuß derselben. Ohne dieses sind sie ein
elendes und geschmackloses Ding, das uns
nur in das Unglück stürzen, das uns nur entehren kann. Ich mißbillige den Reichen nicht
der zuerst an seine eigne Glückseligkeit denket.
Es ist die von der Natur weislich vestgesetzte

Ordnung : Aber ich bedaure ihn, wenn er
die Begierden, welche die Sinnlichkeit und die
Eitelkeit reizen , allzuweit ausdähnet. Er
miskennet seinen Vortheil und seine Würde;
er verschwendet, um sich elend und unglücklich zu machen , was ihm zu einem edlern
Zwecke gegeben war. Seine größte Pflicht
gegen ihn selbst ist, seinen Verstand zu bessern,
seinen Willen zu ordnen , und seinen Vergnügungen durch einen feinen Geschmack,
durch eine glückliche Harmonie und durch eine
wohlthätige Mässigung einen Glanz zu geben,
welcher denselben von ihnen selbst nicht zukömmt. Welche fruchtbare Anläse hat er hier
nicht, seine Schätze zu adeln? Aber er begnü-
get sich nicht, die Emsigkeit, die Künste, die
Wissenschaften, die Sitten mittelbar zu befördern. Er würde nicht nur unedel handeln,
wenn er seinen Genuß auf sein eigenes sinn-
liches Vergnügen einschränkte ; er würde sich
auf diese Weise einer Hoheit und einer Glückseligkeit begeben, die alle andern Vortheile überwiegen. Es ist eine edlere , eine reinere, eine
feinere Art des Vergnügens, die er durch an-

dere genieſſen kann, welche er glücklich machet, welchen er Gutes thut.   Es bieten ſich ſeiner Mildthätigkeit Bedrängte dar , die er tröſten, Leidende , die er erquicken , Arme, die er durch Unterricht und durch Beſchäftigung glücklich und nüßlich machen kann.   Sein edler Geiſt verbeut ihm , durch unzeitige Verſchwendung die Verderbniß und die Trägheit ſchädlicher Bettler zu begünſtigen, und entdeckt ihm deſto fruchtbarere Anläſſe , die Armuth ſelbſt aus dem Staube hervorzuziehen und aufzurichten. (*) Er ſuchet verborgene Talente auf , und

(') Die reichen Leute fügen oft der Geſellſchaft aus einer unüberlegten und dem Scheine nach , geringfügigen , Freygebigkeit ſehr beträchtliche Uebel zu.   Sie halten ihre Bedienten ſo weich-lich , daß es dieſelben in geringern Häuſern nicht mehr ausdauern, und auch daß ſolche, wenn ſie für ſich ſelbſt zu hauſen anfangen, ſich an die ihrem Stande gemäſſe Lebensart nicht mehr gewöhnen können , zu den erforderlichen Arbeiten derſelben untauglich werden, und alſo meiſtentheils zu Grunde gehen , in elenden Um-ſtänden ſterben und unglückliche Kinder dem

giebt ihnen Gelegenheit und Hilfsmittel sich
zu entwickeln, und sich in die Verhältnisse zu
versetzen, darinn sie der menschlichen Gesellschaft am nützlichsten werden können. Er bleibet aber auch da nicht bey dem Einzelnen ste-

Staate zur Last hinterlassen müssen. Sie be-
zahlen diese Bedienten und andre Arbeiter überhaupt, wie auch die Lebensmittel so theuer,
das alle ihre Mitbürger von dem Mittelstande
darunter merklich leiden, und ihrem Beyspiele
nachfolgen, oder verachtet und übel bedient seyn
müssen. Sie stürzen dadurch auch diejenigen
selbst in das Unglück, welche die Vorwürfe ihrer Freygebigkeit sind, indem sie dieselben lie-
derlich, verschwenderisch und muthwillig machen. Diese einfältigen Ausgaben sind auch keine wahre Freygebigkeit. Sie gewähren der Eitelkeit in den Augen des Pöbels den Ruhm des
Reichthums. Sie belauffen sich jährlich auf
dreyßig, vierzig, fünfzig, hundert Louisd'or,
die eine wahre Kleinigkeit für solche Leute sind,
und die ohne Ueberlegung und ohne Empfindung
weggegeben werden. Diese zusammengespahrt,
und zu einer gemeinnützigen Absicht angewandt,
würden ganze Familien glücklich machen und

hen. Als ein wahrer Weltbürger, als ein
rechtschaffener Patriot umfasset er mit seinen
großmüthigen Absichten das allgemeine Wohl
seines Vaterlandes und selbst der ganzen
menschlichen Gesellschaft. Er beherziget die

dem Staate unendlich nützen. Stellet euch
vor, welch ein Seegen es seyn würde, wenn
nur von zwanzig Reichen in einem kleinen Staate, anstatt solcher unedler Ausgaben und eines un-
besonnenen Prachtes, jeder jährlich etliche hundert, oder auch, da es für sehr viele eine Kleinigkeit seyn würde, etliche tausend Gulden zum
gemeinen Besten anwendete. Einige würden
vortreffliche Geister mit den nöthigen Mitteln
versehen, sich in Künsten und Wissenschaften
unterrichten zu lassen. Andre würden junge
Kaufleute und Handwerker in den Stand stellen,
ihre Gewerbe anzufangen. Andre würden denjenigen, die in gewissen Arten am meisten Fleiß
und Emsigkeit erwiesen hätten, Preise austheilen. Andre würden die öffentlichen Büchersäle
und Cabineter bereichern. Andre würden gelehrte Gesellschaften unterstützen. Andre würden arme Töchter aussteuern und also der Ver-

(I. Theil.)   Z

Mängel, welche dieselben so mannigfaltig
drücken, mit der zärtlichsten Betrübniß, und
begünstiget mit dem lebhaftesten Eifer je-

derbniß der Sitten vorbiegen. Andre würden
etwas zu der Auszierung der Stadt verfertigen
lassen. Andre würden andre Anlässe finden,
ihren Ueberfluß dem Besten des Staates und
der Menschheit zu widmen. Von denen, welche
nicht reich genug wären, allein etwas dergleichen zu unternehmen, würden sich mehrere zu
so rühmlichen Endzwecken vereinigen. Man
überdenke einmal, wie unendlich viel Gutes in
einer Zeit von zwanzig Jahren auf diese Weise
in einem Staate gestiftet, wie blühend derselbe gemachet, wie sehr die Tugend, die Wissenschaften und die Künste darinn befördert werden
können. Man erwäge dabey, daß die gleichen
Summen und noch weit größre ohne Ehre, ohne Nutzen und ohne Vernunft verschwendet
werden. Wenn die Reichen ihre Schätze also
zu dem Besten der Menschheit anwenden: Alsdann verehret, alsdann vergöttert dieselben,
Völker! Wenn sie aber nichts können, als verschwenden und sparen, so verdienen sie nichts
als euere Verachtung.

de Stiftung und jede Einrichtung, durch
welche sie gehoben oder verringert werden
können. Seine Schätze sind nicht sein. Sie
sind das Gut des Vaterlandes; sie sind das
Gut der ganzen menschlichen Gesellschaft.

· O! was doch die Philosophen nicht für Leu=
te sind, rief hier Medon aus. Wahre Zau=
berer, welche die Gestalten der Dinge nach ih=
rem Gutbefinden verändern. Ehemals war
ihr Weiser alles, was man nur seyn konnte;
er umfaßte in seiner Person alle Eigenschaften,
alle Gaben, alle Stände, und beynahe noch
mehr als alles. Nun ist hier ein ehrlicher
Dogmaticker, der aus dem Reichen nicht we=
niger machet. Aber dieser ihr Mann, den Sie
so vortheilhaft schildern, muß recht reich seyn;
oder gehören ihm, wie dem Weisen der Stoi=
cker, alle Dinge zu?

Meth. Ich schildre Ihnen hier nur den
wahren Gebrauch der Reichthümer mit seinen
glückseligen Folgen. Ich zeige Ihnen nur das
unendliche Feld von guten und nützlichen
Handlungen, welches die Fürsehung dem Rei=
chen eröffnet hat. Ich verlange nicht, daß

er alle auf einmal umfasse. Ich überlasse es
ihm, nach dem Maasse seiner Reichthümer,
seiner Umstände, seiner Weisheit, diejenigen
auszuwählen, die er am schönsten und am
nothwendigsten findet. Ordnung und Harmonie müssen alle unsre Handlungen und also
auch den Gebrauch unserer Reichthümer beseelen, wenn wir uns aus dem niedrigen Krei-
se des thierischen Standes herausschwingen
sollen. Diese ertheilen allen Stellen unsers
Lebens eine moralische Schönheit. Der Grad
derselben bestimmet unsern Werth und unsre
Glückseligkeit. Der weise Mann, welcher
seinen wahren Vortheil kennet, siehet die
grossen Grundsätze derselben als die heiligsten
und vestesten Säulen seiner eignen und der allgemeinen Wohlfahrt an. Er verliehret dieselben niemals aus den Augen. Wenn er etwas vornimmt, so ist immer sein erster Gedanke: „Könntest du nun deine Kräfte, deine
Zeit, deine Mittel auf eine würdigere, auf
eine vortheilhaftere Weise zu Erfüllung deiner
grossen Bestimmung anwenden? Und so bald
sich dieses Beßre seiner edeln Seele darbeut, so

umfasset sie es mit einer feurigen Begierde;
so opfert sie demselben das minder Gute auf,
wenn es ihrer Sinnlichkeit und ihrer Eitelkeit
auch noch so sehr schmeicheln sollte. Er siehet
da nicht allein auf das gegenwärtige Gute. Er
hütet sich, seine Kräfte auf einmal zu verschwenden. Mit einer erleuchteten Außsicht in die
Zukunft siehet er das mannigfaltige Schöne
und Nützliche vor sich, welches darinn möglich
ist. Dasjenige, was ihm am nächsten liegt,
rühret ihn nach der von der Natur vorgeschriebenen Ordnung freylich am meisten. Er läßt
sich aber nicht ohne Ueberlegung dadurch fort-
reissen. Er übersiehet das ganze Feld, das
vor seinen Augen liegt, und er schätzet jede
Stelle desselben nach dem Einflusse, den sie in
das Ganze hat. Gegen sich selbst ist er in diesem Stücke am allerschärfsten. Er versaget sich
jedes Vergnügen, das ihn zu einer edeln und
gemeinnützigen That minder fähig machet, und
er mißt den Werth alles dessen, so er für sich
selbst thut, nach dem Guten ab, welches dadurch seiner Seele und durch dieselbe andern
Menschen zufliessen kann. Durch eine solche

Art zu denken und zu handeln, wertheste Freunde! kann der Reiche seinen Stand zu einer Hoheit erheben, dadurch derselbe so verehrungswürdig wird, als es immer der Stand eines Sterblichen werden kann. Wenn es auch schon der blosse Zufall ist, der ihn reich gemachet hat, so muß doch der Gedanke, ein **Werkzeug Gottes** zu anderer Glückseligkeit zu seyn, seine Seele mit einer Wohllust durchdringen, mit deren keine andre Empfindung verglichen werden kann, und welche der wahre Tugendhafte, als die erhabenste und die süsseste Belohnung der Tugend ansiehet.

Ihre Theorie ist schön, sie ist erhaben. Möchten Ihre weisen Lehren tief in die Herzen aller unsrer Reichen eingegraben werden! Es bleibet mir nur ein einziger Zweifel übrig, sagte hier **Medon.** Wie soll ein Reicher mit Gewißheit bestimmen, daß in einem jeden Falle diese oder jene Anwendung seiner Güter die beste ist?

Meth. Mit einer mathematischen Gewißheit wird er es nicht bestimmen. Ein solcher

Maasstab ist für die moralischen Handlungen
unmöglich. Die Folgen der menschlichen
Handlungen sind immer mit einer Dunkelheit
umgeben, die auch den erleuchtetsten Sterblichen in jedem Augenblicke seine Schwachheit
empfinden machet. Wir müssen also uns immer nach dem höchsten Grade der Wahrscheinlichkeit richten, der sich uns in einem jeden
Falle darbeut. Mit diesem Leitfaden muß auch
der Weiseste durch den Labyrinth des Lebens
sich heraushelfen, und der Fürsehung überlassen, wie sich endlich der grosse und allgemeine
Plan entwickeln werde.

Sie werden, wie ich hoffe, nun zufrieden seyn,
sagte hierauf Kallias zu Medon. Ich einmal
bin es so sehr als man es nur seyn kann. Ich
werde diesen Abend immer unter die schönsten
meines Lebens zählen. Ich danke dem Methrodor auf das empfindlichste, daß er mich
gegen einen so streitbaren Kämpfer unterstützet, und noch mehr, daß er mich so lebhaft
fühlen gemachet hat, daß ich nicht anders
glückselig seyn könne, als wenn ich so viel
Gutes thue, als mir meine Kräfte und
meine Umstände erlauben.

Druckfehler.

Seite 12. Zeile 2. anstatt und lies und daß

S. 16. Z. 3. anstatt eine der tröstlichsten Aussichten lies
die tröstlichste Aussicht

S. 16. Z. 17. und S. 20. Z. 16. anstatt und lies und ich

S. 22. Z. 19. anstatt könnte lies könnten.

S. 59. Z. 2. anstatt hiesigen lies dortigen

S. 74. Z. 15. anstatt gesäet lies angesäet, und anstatt eine
lies die

S. 76. Z. 13. anstatt gleichförmige lies gleichmächtige

S. 86. Z. 11. anstatt und lies und daß

S. 87. Z. 1. und 4. anstatt und lies und zu

S. 92. Z. 3. und 8. anstatt wie lies daß

S. 104. Z. 21. anstatt und lies und durch

S. 111. Z. 19. anstatt zu unseligen lies unselige

S. 117. Z. 21. anstatt Geschicken lies Geschicke

S. 120. Z. 6. anstatt aus ihrer lies aus der

S. 131. Z. 14. anstatt die lies in die

S. 135. Z. 4. streichet und durch

S. 147. Z. 15. anstatt klage lies pflege

S. 150. Z. 17. streichet und durch

S. 164. Z. 24. anstatt abändernden lies abwechselnden

S. 177. Z. 1. anstatt Regierung lies Regung

S. 197. Z. 13. dumme, wilde lies dumme und wilde

S. 198 Z. 6. anstatt solche lies sehr

S. 200. Z. 11. anstatt Heere lies Herrn

S. 201. Z. 3. anstatt ihrer lies der

S. 207. zu unterst, anstatt Socrates lies Isocrates

S. 216. Z. 9. anstatt übereinstimmig lies einstimmig.

S. 218. Z. 3. und 4. streichet so sehr durch

S. 229. Z. 7. anstatt Monarchie lies Monarchinn

S. 232. Z. 3. anstatt Neigungen lies Triebräder

S. 262. Z. 7. anstatt werde lies würde

S. 277. Z. 2. anstatt weil lies weil so

S. 278. Z. 13. anstatt wie lies soll wie
Z. 14. streichet soll durch

S. 280. Z. 5. anstatt unbeschränktes lies unbeschwertes.